Detlev Reich

Der Lobpreis-Trainer

Basics, Strategien und Konzepte für einen authentischen Auftritt

W0392340

Detlev Reich war nach seinem Theologiestudium zwei Jahre lang Mitglied des Leitungsteams der ICF Zürich, einer der größten Freikirchen der Schweiz. Dort verantwortete er die Gestaltung und Durchführung der jeweils vier Sonntagsgottesdienste. Anschließend arbeitete er acht Jahre in einem Hamburger Gemeindegründungsprojekt mit, wo er die Programmgestaltung und Koordination entwickelte und in dieser Zeit das Musik-Team leitete. Heute arbeitet er als freier Bühnen-, Performance- und Gottesdienst-Trainer (www.detlev-reich.de).

Detlev Reich

DER LOBPREIS-TRAINER

Basics, Strategien und Konzepte
für einen authentischen Auftritt

Der Lobpreis-Trainer
Basics, Strategien und Konzepte für einen authentischen Auftritt

Lektorat: Sabine Müller - www.textglueck.de
Bildnachweis: ©iStockphoto.com/MiquelMunill -/7io

Bibelzitate: Gute Nachricht Bibel, revidierter Text, durchgesehene Ausgabe © 2000 Deutsche Bibelgesellschaft, Stuttgart

2.Auflage 2015
Copyright © 2011 Reich Verlag
Alle Rechte vorbehalten. Vervielfältigung, auch auszugsweise, nur mit schriftlicher Genehmigung.

ISBN 978-940326-41-6

Aktuelle Infos unter www.detlev-reich.de

INHALT

Inhalt

Inhalt 5

Zuallererst 9

Lobpreis ist... 15
Was ist Lobpreis, Worship, Anbetung, ...? 17

Deine Art 25
Deine Begabung 27
Deine Identität 30

Vision und Team 37
Vision 39
Team 43
Lobpreisleiter 48

Planung und Vorbereitung 53
Repertoire 55
Probe 68
Für den Tag des Gottesdienstes 80

Grundsätzliches zum Auftritt 85
Wie sehe ich aus? 87
Wie gehe ich? 94
Wie stehe ich? 98
Wie schaue ich? 103
Wie rede ich? 113
Wie verhalte ich mich vor dem Auftritt? 116

Lobpreisleitung	**119**
Liedinterpretation	121
Der Text und die innere Wirkung	122
Die Musik und die innere Wirkung	123
Die Außenwirkung des Liedes	130
Ansagen im Lobpreisteil	148
Praktische Themen	**157**
Umgang mit Lampenfieber	159
Umgang mit Feedback	162
Umgang mit Schwierigkeiten	165
Wie fange ich jetzt an?	**171**
Praxis-Anhang	**177**
Übungen	179
Fragen zu den Werten	185
Vorlage Liedinterpretation	188
Literaturnachweis	190

0

ZUALLERERST

Zuallererst

Lobpreis und Anbetung ist ein sehr breites Thema und es gibt dazu die unterschiedlichsten Ideen und Vorstellungen. Ich habe folgende Erfahrung gemacht: Wenn ich zehn Leute frage, was für sie persönlich Lobpreis bedeutet, bekomme ich 20 verschiedene Antworten.

Mir hat die Definition von Darlene Zschech von der Hillsong-Church in Australien am besten gefallen. Sie drückte es einmal so aus: „Lobpreis ist eine Reise." Das gefällt mir, denn es stimmt: Lobpreis bedeutet, unterwegs zu sein – und nicht, bereits am Ziel angekommen zu sein. Manchmal ist der Weg schön, manchmal steinig und schwer. Doch wie auf einer Reise wird man immer wieder neue Dinge entdecken. Und gerade, wenn man denkt, mehr und mehr wirklich zu verstehen, worum es eigentlich geht, erwartet einen hinter der nächsten Biegung etwas völlig Neues und Gewaltiges.

Dieses Buch richtet sich in erster Linie an Personen, die in einer Kirche Menschen „im Lobpreis anleiten" – sei es als Lobpreisleiter/in, Sänger/in, Instrumentalist/in oder als gesamte Band (der Einfachheit halber, möchte ich mich nun im Folgenden auf die Form: Musiker, Sänger, etc. beschränken und damit natürlich Männer und Frauen ansprechen). Ich möchte in diesem Buch weniger auf die geistliche Basis für den Lobpreis eingehen. Denn eine lebendige Beziehung zu Jesus und das Hören auf das, was er will, ist für mich die Grundvoraussetzung jeglicher Lobpreis-Arbeit überhaupt. Soll heißen: Wenn diese Basis fehlt, kann man alles Musikalische und jegliche Performance von vorneherein vergessen. Doch auch wenn ich diesen Punkt nur streifen werde, will ich dich gleichzeitig ermutigen, dich mit diesem Thema zu beschäftigen.

In diesem Buch möchte ich mein Hauptaugenmerk auf die Abläufe richten, die für ein Musik-Team in einer Kirche wichtig sind sowie auf die Performance auf einer Bühne in einem Gottesdienst. Denn gerade das Zusammenspiel einer lebendigen und intensiven Jesus-Nachfolge und guter Kommunikation auf der Bühne, finde ich spannend und notwendig, näher betrachtet zu werden.

Wenn du dieses Buch liest, möchte ich dich bitten, immer deine geistliche Ausrichtung und auch deine persönliche Nachfolge im Auge zu behalten. Es geht viel um Techniken und Kommunikation, die – wenn sie ohne Substanz und Herz daherkommen –, zumindest auf Dauer ziemlich „hohl" sind und der tiefsten Bestimmung von Lobpreis kaum dienen, ja, ihr manchmal sogar entgegenstehen können.

Gott liebt es, wenn wir ihm von ganzem Herzen nachfolgen. Darum sind für mich auch die Vorbereitung, das Einbringen von Gaben und Talenten und auch jegliche Überlegung, wie man Dinge optimieren könnte, ein Zeichen meiner inneren Haltung. Ich möchte es jeden Tag neu lernen, für Gott und sein Reich das Beste zu geben – und zwar mit dem, was mir zur Verfügung steht. Dies kann bei jedem unterschiedlich aussehen, aber jeder hat sein ganz persönliches „Bestes", das er geben kann. Ich spreche hier nicht von Perfektionismus, sondern vom großzügigen Geben dessen, was jedem Menschen im Rahmen seiner ganz speziellen Gaben, seiner Ressourcen, Finanzen und seiner Zeit möglich ist – und das natürlich stets im Zusammenspiel mit den anderen Verantwortungen, in denen er steht wie Familie, Beruf usw.

Jeder liebt es, das Beste zu bekommen und echte Qualität zu erleben. Darum bringen wir unsere Herzenshaltung Gott gegenüber auch damit zum Ausdruck, dass wir ihm unser

Bestes geben und Wert auf Qualität legen.

Ich wünsche dir für deinen Dienst und deine Aufgabe von Herzen Gottes Segen und immer wieder neue Ideen und Motivation. Dein Dienst im Musik-Team einer Kirche ist ein wertvoller und wichtiger Dienst. Nutze dieses Buch, um dich in den verschiedenen Bereichen fortzubilden. Denn so wie jemand an seiner musikalischen Gabe arbeitet, kann und sollte er auch an seiner Performance und den Abläufen arbeiten.

Die Menschen heute sind es gewohnt, im Fernsehen, im Theater oder bei Musicals hohe Qualität geboten zu bekommen und Moderatoren und Performer zu erleben, die gekonnt kommunizieren. Wenn wir als Kirche diese Menschen erreichen möchten, dann müssen auch wir uns Fragen zur Qualität unseres Auftritts und der Art unserer Kommunikation stellen und daran arbeiten. Denn alles hat nur ein Ziel: Gott anzubeten und den Menschen im Gottesdienst eine Möglichkeit zu bieten, von Herzen mit einstimmen zu können.

1

LOBPREIS IST...

Lobpreis ist …

Was ist Lobpreis, Worship, Anbetung, Musik im Gottesdienst?

Ist Lobpreis das Singen von Liedern? Ist es Beten? Ist Lobpreis das Ineinanderfließen von Musik, Texten und Gebeten? Macht Lobpreis die Gemeinschaft miteinander und mit Gott aus? Worum geht es?

Ich weiß nicht, ob es die richtige Antwort überhaupt gibt. Denn der Begriff „Lobpreis“ ist so vielschichtig und beinhaltet viele unterschiedliche Aspekte. Wie schon erwähnt, spricht mich die Definition, dass Lobpreis „eine Reise“ sei, am stärksten an, da sie sehr viele Möglichkeiten beinhaltet. Man holt die Leute ab und bringt sie an verschiedene „Orte“. Gemeinsam begibt man sich auf einen Weg und steht vor Gott. Dies geschieht durch Lieder, Texte, Bibelverse, kreative Elemente, die Musik und so vieles mehr. So ist für mich der Lobpreis gerade im Gottesdienst eine wunderbare Zeit, bei der Gott näher in den Fokus rückt und ich ihm mit meinem Verstand, meinen Gefühlen und meinem ganzen Sein danken und ihm begegnen kann.

Das Wort „Lobpreis“ ist auch für jeden ganz unterschiedlich besetzt. Die einen nennen es lieber „Worship“, weil es sich moderner anhört. Für andere kommt der Begriff „Anbetung“ der Sache am nahesten.

Ganzheitlicher Lobpreis

Nach meinem Verständnis besteht „Lobpreis“ nicht aus den 15–30 Minuten in einem Gottesdienst, in denen Lieder gesungen und in denen gebetet wird. „Lobpreis“ ist vielmehr eine Einstellung, ein Lebensstil, der mein ganzes Sein umfasst.

Anbetung schließt Singen mit ein, beinhaltet aber viel mehr. Darum möchte ich mehr und mehr lernen, Gott mit meinem Leben zu loben. In der Bibel steht dazu:

> *„Stellt euer ganzes Leben Gott zur Verfügung! Bringt euch Gott als lebendiges Opfer dar, ein Opfer völliger Hingabe, an dem er Freude hat. Das ist für euch der ‚vernunftgemäße' Gottesdienst." Römer 12,1*

Wir können Gott nur mit unserem Leben als Ganzes wirklich ehren. Nur so wird unser Lobpreis zu einem Gottesdienst, zu einem Danken und Loben, das „ganzheitlich" und echt ist. Wir sind dazu aufgefordert, dies mit ganzer Hingabe zu tun. Unser Herz, unsere Haltung Gott gegenüber, drückt sich in dieser Form des „Gottesdienstes" aus. Darum kann man in einer Kirche eher von einem „Musik-Team" als von einem „Lobpreis-Team" sprechen, denn jeder sollte ja auf seine Art und Weise Gott mit seinem Leben loben (ob nun mit oder ohne Musik). Im Gottesdienst wird dieses Loben dann vom „Musik-Team" angeleitet. So kann die Zeit im Gottesdienst eine geniale Zeit werden, wenn man gemeinsam mit Liedern Gott dankt und ihn feiert.

Was bedeutet es, Gott ganzheitlich anzubeten? Die Lieder, die wir singen, sollten mit unserem Leben übereinstimmen. So kann das eigene Leben die Lieder bekräftigen, indem man von ganzem Herzen Gott nachfolgt und ihm vertraut. Dies kann sich überall, im Großen und im Kleinen, äußern. Gott hat eine wunderbare Idee für unser Leben und er wünscht sich nur das Beste für uns. Das Fragen nach Gottes Willen für unsere Leben drückt eine „dankende" Haltung ihm gegenüber aus. Der Wunsch, dass Gott im Alltag Leitung, Hilfe und Unterstützung gibt, zeigt mir, dass das Leben mit Gott nicht nur auf einen schönen Sonntag beschränkt ist, sondern tiefer geht. Für die verschiedenen Lebensbereiche nach Gott zu fragen und jeden Tag aufs Neue zu lernen, was seine Gedanken für unser Leben sind, ist nicht nur eine Bereicherung für unser Leben, sondern ein „Gottesdienst“ im Alltag.

Gott ganzheitlich anzubeten hat eine Auswirkung auf den Alltag. Man kann schnell wunderbare Lieder für Gott singen; doch Gott mit dem eigenen Verhalten zu ehren und ihm zu danken, fällt manchmal schwerer.

Denn welche Autorität und Ehrlichkeit spiegelt man auf der Bühne wider, wenn man die schönsten Lieder für Gott singt, sich aber in der anderen Zeit wie „ein Arsch“ verhält? Jeder weiß: Das passt nicht zusammen. Und doch fällt es einem nicht immer leicht, Gott in alle Bereiche seines Lebens hineinzulassen. Wie ernst meinst du es mit den Liedern, die du singst? Wie erkennt man dies an deinem Leben? Wie sieht es in den verschiedenen Lebensbereichen aus (Arbeit, Familie, Beziehung, Sexualität, Internet, Freizeit, etc.)? Passen sie und unterstützen sie die Songs oder stehen sie im Widerspruch dazu?

Ich möchte ganz sicher keinen „Sündenkatalog“ aufstellen. Es geht nicht um einen perfekten Christen, der sündlos lebt, sondern darum, welchen Weg man einschlägt. Ich finde es für das eigene Leben entscheidend, dass man offen und ehrlich vor sich selbst und vor Gott ist. Sich in Schuldgefühle zu verlieren, finde ich ebenso wenig richtig wie alles „Falsche“ auf die leichte Schulter zu nehmen. Habe ich Schwierigkeiten im Leben und trage Schuld mit mir herum, dulde ich bei mir ständig falsches Verhalten – dann sollte ich etwas ändern! Der erste Schritt ist, damit zu Gott zu gehen und es ihm offen und ehrlich zu bekennen. Am besten ist es, dies mit einer anderen Person zu tun, die einen dabei unterstützt. Noch einmal: Es geht nicht um die ständige Suche nach Fehlern oder um das immer wiederkehrende Überprüfen der eigenen Motivation. Es geht vielmehr darum, alle Bereiche im Leben Gott anzuvertrauen und Punkte, die man als falsch erkannt hat, anzugehen.

Als Künstler auf einer Bühne im Gottesdienst dürfen wir uns „halbherziges" Verhalten nicht erlauben. Nimm die Songs, die in einer Lobpreiszeit gesungen werden, ernst und zeige dies auch mit deinem Leben.

Da Künstler oft sehr leidenschaftlich und mit dem ganzen Herzen musizieren, kann es passieren, dass sie sich auch leidenschaftlich in Schwächen oder Süchten verlieren. Werde wachsam, aufmerksam und schaue, wo du deiner Aufgabe im Lobpreis mehr Autorität und Glaubwürdigkeit verleihst, indem du „sündiges" Verhalten bei dir selbst nicht duldest (z. B. Süchte, Pornografie, etc.). Ganzheitlich für den Lobpreis einzustehen, kann einen etwas kosten, aber es ist nur ein Gewinn: Für das eigene Leben, für die Nachfolge Jesu, für das Umfeld, für die Aufgabe im Lobpreis-Team und für die Kirche.

Gott wünscht sich für uns ein Leben in Freiheit. Er vergibt uns. Alles! Wir müssen nur zu ihm kommen und ihm unsere Punkte bringen und um Vergebung bitten. Nimm dies in Anspruch und lebe in Freiheit. Sehe dich als Person, die du vor Gott bist: Sein geliebtes Kind!

Wo liegt der Fokus?

Ich denke, dass du sicherlich eine gewisse Vorstellung davon hast, wie man eine Lobpreiszeit im Gottesdienst füllt, wie du dort Gott begegnen möchtest oder auch mit welchen Erwartungen und Wünschen du dort hineingehst.

Mir sind ein paar Punkte in diesem Zusammenhang wichtig, die ich weitergeben möchte. Ich denke, in der Worshipzeit geht es grundsätzlich nicht um uns – es geht um Gott! Oft habe ich Sätze gehört wie: „Ich möchte gerne, dass Gott in der Lobpreiszeit mein Herz berührt!“ Ich sage dann meistens etwas provokant: „Darum geht es doch gar nicht. Es geht vielmehr darum, dass du Gottes Herz berührst.“ Wenn man für Gott Lieder singt, nur um emotional geflasht zu werden, finde ich diese Motivation fragwürdig.

Mit einem Beispiel möchte ich das verdeutlichen: Wenn z. B. ein Mann seiner Verlobten ein Liebeslied singt, bereitet er sich sicherlich vor. Er hat ein tolles Lied ausgesucht und das Beste gegeben, um diese verflixten Griffe auf seiner Gitarre sauber spielen zu können. Dann überrascht er vielleicht seine Liebste bei der Arbeit und ist selber total aufgeregt. Sie steht vor ihm und er zeigt ihr durch den Lovesong sein Herz: seine Liebe und Zuneigung für sie. Er möchte ihr etwas Gutes tun, sie überraschen und ihr seine Liebe bekunden. Ich nehme stark an: Das wird ihr Herz berühren – was wiederum auch ihn automatisch unbeschreiblich bewegt.

Ich mag diesen Vergleich hinsichtlich des Lobpreises in einem Gottesdienst: Wir singen gemeinsam Gott ein Liebeslied, ein Dankeslied, ein Lied, das ausdrücken soll, wie toll er ist. Dabei geht es um Gott und nicht darum, wie wir uns gerade fühlen oder ob wir selbst berührt werden. Natürlich ist es so, dass Gott uns häufig gerade in solch einer Zeit emotional berührt und tief im Herzen begegnet. Aber auch wenn dies ausbliebe, wäre das in Ordnung. Ganz unabhängig von unseren Stimmungen und Gefühlen, fordert uns die Bibel an unzähligen Stellen dazu auf, Gott zu loben und ihm zu danken. Wir sollen Gott danken für die Art, wie er ist, für das, was er tat und auch heute noch tut. Dass wir ihm vertrauen und nachfolgen wollen, drücken wir dabei in Gebeten, in lauteren und leisen Liedern und durch Vieles mehr aus. Lobpreis ist eine aktive Handlung unsererseits. Der Fokus liegt dabei darauf, Gott zu ehren, ihm zu danken und sein Herz zu berühren – und nicht auf der Frage: „Was springt denn für mich dabei raus?"

Was sagt die Bibel über Lobpreis und Danken? Fast immer ist es eine Aufforderung, der wir nachkommen sollen. Und natürlich tut man dies von Herzen, mit seinen Gefühlen und dem Verstand. Von einer Frau (!) habe ich einmal einen derben Satz gehört: „Viele benutzen den Worship bloß, um sich an ihren Emotionen zu befriedigen!" – Das ist hart! Ob das so ist? Jedenfalls finde ich es wert, darüber nachzudenken.

Wenn der Verlobte seiner Liebsten ein Lied singt und das ohne Gefühl tut, ist das schräg. Und wenn es nur um seine eigenen Gefühle geht, ist es doppelt schräg. Für mich geht es beim Lobpreis eher darum, Gott mein Herz hinzuhalten und ihm zu sagen: „Ich folge dir nach. Ich vertraue dir. Ich danke dir. Ich liebe dich."

Eine Begebenheit hat meine Vorstellung von Lobpreis sehr beeinflusst. Ich war zu Besuch in einer Gemeinde in den USA. Im Gottesdienst wurde für eine Mutter gebetet und ihr wurden die Hände aufgelegt. Sie hatte in der letzten Woche ihren erwachsenen Sohn beim Absturz eines kleinmotorigen Flugzeugs verloren. Die Gemeinde nahm Anteil und trauerte mit ihr. Es ging allen sehr nahe. Im weiteren Verlauf des Gottesdienstes gab es auch einen Lobpreisteil mit einer Band. Als ich so mitsang, entdeckte ich auf einmal direkt vorne an der Bühne die Mutter, deren Sohn in der Woche zuvor verstorben war. Sie hatte ihre Hände zu Gott ausgestreckt, betete, sang und tanzte zur Musik für Gott. Ich konnte es kaum glauben. Die Mutter hatte gerade ihren Sohn verloren und nun lobte sie Gott? Mich hat das echt berührt: Wer bin ich, dass ich mich oft nicht danach fühle, Gott zu danken und ihn anzubeten? Und auf der anderen Seite ist diese Mutter, die trauert und trotzdem Gott von Herzen loben und auch noch dabei tanzen kann.

Sicher gehört es dazu die Höhen und Tiefen wie sie z. B. in den Psalmen beschrieben werden, zu Gott zu bringen. Zu ihm können wir kommen und trauern und klagen und weinen und auftanken. Das alles hat seinen Stellenwert. Aber wie oft beschränken wir uns mit der Musik im Gottesdienst auf uns und unsere Bedürfnisse, anstatt damit Gott zu ehren und ihm zu danken?

Lobpreis ist vielschichtig. Die Zeit im Gottesdienst kann dazu dienen, einen Raum zu schaffen, in dem Menschen Gott begegnen können. Durch die Emotionen der Musik und der Kraft der Texte, kann eine Atmosphäre gestaltet werden, die Glauben fördert. Was für eine besondere Zeit!

Ich möchte dich ermutigen, über deine Erwartungen an solch eine Zeit nachzudenken. Forsche in der Bibel nach, was dort dazu steht. Wir sind häufig so sehr allein von unserem Umfeld geprägt, von der Kirche, in der wir sind und von der Art, wie wir Lobpreis kennengelernt haben. Dabei muss man nur kurz bei Wikipedia unter Lobpreis schauen, um zu sehen, dass die Art und Weise, wie wir heute Lobpreis definieren, noch gar nicht so alt ist (erst wenige Jahrzehnte). Vielleicht ist es an der Zeit, dies genauso fortzusetzen. Aber vielleicht ist es auch an der Zeit, manches zu überdenken oder völlig neue Wege zu gehen. Neue Wege – vielleicht gerade mit dir und deiner ganz eigenen Art?

Die nächsten Schritte

Beantworte doch die folgenden Fragen in deinem Team.

- Was ist für dich Lobpreis?
- Was heißt für dich, ganzheitlich Gott zu ehren?
- Wie kann dein Leben die Lieder unterstützen?
- Wie gehst du mit deinen Schwächen und deinem falschen Verhalten um?
- Welche Person teilst du dich dies bezüglich mit?

2

DEINE ART

Deine Art

Deine Begabung

Neulich habe ich mir auf YouTube Videos verschiedener Sänger und Künstler angeschaut, von denen viele total kreativ und begabt waren. Zum Beispiel sang ein Sänger zunächst mit einer brillanten Männerstimme, und im nächsten Moment – Oktaven höher – mit einer wunderbaren Frauenstimme weiter! Bei anderen faszinierte mich, welche Performance sie auf die Bühne brachten. Und während ich so von einem Video zum anderen klickte, kamen mir die Tränen. Ich bin eigentlich nicht der Typ, der nah am Wasser gebaut hat und dem schnell die Tränen kommen (ehrlich nicht). Aber auf einmal tat mir das Herz weh: So viele begabte Menschen, die ihre Fähigkeiten ausleben! Überall. Mit so unterschiedlichen Liedern und Aktionen und auf so unterschiedlichen Bühnen. Und wie selten sehe ich solche Menschen in den Kirchen! Das tat mir weh.

Es ist für mich wie in folgendem Beispiel: Da ist ein Vater, der seinem Sohn einen Ball schenkt. Der freut sich riesig über das Geschenk, kickt und wirft damit herum, spielt mit seinen Freunden, probiert Tricks und Kniffs aus und hat wirklichen Spaß mit dem Ball. Der Vater freut sich natürlich mit seinem Kind und ist froh, das passende Geschenk gemacht zu haben. Doch wenn sein Kind in seine Nähe kommt, hört es einfach sofort auf zu spielen, obwohl sein Vater so gerne auch mal ein paar Würfe mit ihm machen würde. Er kennt ja auch noch ein paar Tricks und würde sich freuen mit seinem Sohn und mit dem Geschenk zusammen Spaß zu haben. Aber aus irgendwelchen Gründen, spielt das Kind nur ohne seinen Vater mit dem Ball. Es hat einfach Freude an dem Ball und keinen Blick mehr für seinen Vater. Die Möglichkeit, mit ihm zusammen Ball zu spielen, erscheint für es so abwegig und schräg.

Ich sehe so viele begabte Künstler auf diversen Bühnen. Mein Wunsch ist es, dass diese Menschen ihre Begabungen auch in der Kirche und für Gott einbringen. Dies ist für mich so wie das Spielen mit dem Vater. Es ist doch klar: Wir können mit den Begabungen überall Spaß haben und mit Freunden „rumkicken". Gott freut sich darüber. Und wie ein Vater freut er sich auch, wenn wir genau das mit ihm teilen.

Wenn man heute Kreativität und Qualität sehen oder hören möchte, denkt man leider nicht sofort an Kirche. Man denkt eher an Musicals, Theater, Museen oder auch an die Wirtschaft. Gott ist der Schöpfer der Kreativität. Er hat alles erschaffen und erdacht – auch uns und unsere Begabungen. Darum wünsche ich mir von Herzen, dass wir in unseren Kirchen einen immer größeren Raum schaffen, in dem Künstler sich wohl fühlen, sich einbringen können und ihre Gaben weiter ausbauen. Kunst und Musik zu gestalten ist ein Geschenk. Und ich glaube, dass dieses Geschenk der Kreativität noch schöner erblüht, wenn wir mit dem Schöpfer der Kreativität zusammen „spielen".

Unser Vater im Himmel hat uns alle beschenkt: mit Gaben, Fähigkeiten und Talenten. Sehr unterschiedlich und sehr einzigartig. An diesen Gaben sollen und dürfen wir Spaß haben und uns damit beschäftigen. Denn warum sonst hat uns Gott befähigt? Um im Bild zu bleiben: Gott hat uns nicht nur beschenkt, er hat jedem von uns auch ganz unterschiedliche Arten von Bällen gegeben. Dem einen gab er einen „Beach-Volleyball", mit dem man Spaß hat und der einfach für gute Laune steht. Dem anderen einen kleinen „Golfball", für den nicht nur viel Geschick und Konzentration nötig sind, sondern auch ein ganz anderes Umfeld. Und vielleicht hast gerade du einen „Medizinball“ bekommen und wunderst dich, warum er so schwer ist. Aber auch dieser „Ball“ ist zum Spielen da – und dazu kräftigt er und kann z. B. in einer Reha-Maßnahme sogar den Heilungsprozess beschleunigen.

Darum noch einmal: Wir sind alle unterschiedlich geschaffen und begabt. Vielleicht hast du eine Fähigkeit, die andere einfach erfreut und gute Laune bringt. Deine Musik oder deine Stimme verbreitet mehr als nur eine gute Atmosphäre. Jemand anderes ist vielleicht sehr präzise und konzentriert und kann einen ganz anderen Part im Team ausfüllen. Wiederum jemand anders wundert sich, warum seine Art der Musik immer so „schwer“ daher kommt – vielleicht für ihn, für andere oder beim Üben. Aber dennoch bewirkt seine Art und seine Begabung, dass Menschen gestärkt werden und Heilung erfahren.

Wie immer deine Begabung aussieht und sich anfühlt: Gott hat sie dir geschenkt. Vergleiche dich nicht mit anderen! Denn dadurch wirst du entweder entmutigt oder stolz. Sehr oft wünscht man sich auch solch eine Stimme, die jemand anders hat, oder man würde gerne das Instrument so virtuos spielen können wie Person XY. Was bringt das? Oft mehr Frust als Lust. Finde gerade als Sänger ein Ja zu deiner eigenen Stimme. Sei dankbar für das, was Gott dir gegeben hat und versuche einfach, an deinem eigenen „Spiel“ zu arbeiten. Versuche nicht, mit einem Golfball Beachvolleyball zu spielen. Das geht ins Auge. Darum ist es unendlich wichtig, dass man zum einen erkennt, worin man begabt ist, und zum anderen, dass man seiner Begabung gemäß handelt, darin lebt und daran arbeitet. Nimm deine Begabungen von Gott an. Übe deine „Würfe“ und trainiere deine Fähigkeiten.

Wenn du auf einer Bühne im Gottesdienst stehst, ist es wichtig, dass du in deinen Fähigkeiten lebst. Denn du trägst eine Verantwortung, wenn du im Gottesdienst etwas anleitest. Sei es nun mit deinen Worten, deiner Stimme oder mit deinem Instrument. Wenn du dann hingegen immer unsicher bist und dich im Grunde eher unwohl fühlst, kann es verschiedene Gründe haben: Du bist entweder schlecht vorbreitet, es ist alles neu für dich, oder es entspricht einfach nicht deinen ersten Stärken. Sei ehrlich vor dir und vor Gott. Und vertraue, dass es einen Grund hat, warum du so begabt bist, wie du bist! Nimm es wirklich dankbar an. Wenn du es liebst zu singen oder ein Instrument zu spielen, dann tu es! Hab Spaß daran! Wenn du es liebst, auf der Bühne zu stehen und es genießt, deine Begabungen auszuleben – super! Gott hat dir etwas geschenkt. Nutze es, hab Spaß daran und spiele mit und für ihn. Er freut sich über dich. Wirklich!

Deine Identität

Als Musiker stehst du auf der Bühne und jeder beobachtet dich. So soll es sein. Wenn du auf diese Weise in der Öffentlichkeit stehst, wirst du garantiert auch Rückmeldungen über deinen Auftritt bekommen. Mal positive und auch mal negative Feedbacks. Du machst dich angreifbar, wenn du auf einer Bühne stehst. Sicher ist dies nicht gewollt oder erwünscht, aber es ist trotzdem eine Tatsache. Als Künstler wird von dir erwartet, dass du deinen Auftritt mit dem Herzen aufführst. Das Lied, das du singst oder spielst, soll zu Herzen gehen. Um dies zu erreichen, solltest du auch „mit Herz" singen und spielen. Wenn dir dann jedoch Kritik entgegenschlägt, trifft das meistens auch mitten ins Herz, und das ist in keiner Weise angenehm.

„Er (der Künstler) steht manchmal ganz allein auf der Bühne, gibt sein Innerstes preis und lässt völlig Fremde einen Blick in seine Seele werfen. Verwundbarkeit ist der Preis, den jeder Künstler bezahlt. Sie lassen ihr Herz und ihre Seele in ein Projekt einfließen und betreuen es mit ihrem Herzblut. Wenn es Zeit wird, der Welt ihr Projekt zu zeigen, dann öffnen sie ihre Hände nur langsam und hoffen inständig, dass niemand das Kind ihrer Gedankenwelt töten wird, noch bevor es überhaupt eine Chance hatte, sich zu entwickeln. Weil die Kunst so eine persönliche Sache ist, ist es auch so schwierig, sich selbst von seinem Werk abzugrenzen." [1]

Es ist nicht immer einfach, mit Feedback richtig umzugehen. Aber trotzdem ist es notwendig, um zu wachsen: in den Fähigkeiten und auch charakterlich. Einige Tipps bzgl. Feedback möchte ich dir am Ende des Buches noch weitergeben.

Es ist eine Grundvoraussetzung, dass du deine Identität und deinen Selbstwert nicht an den Rückmeldungen für deinen Auftritt fest machst. Das ist nicht immer einfach, aber notwendig. Ich bin davon überzeugt: Je besser du weißt, wer du bist, desto sicherer kannst du auf einer Bühne stehen. Wer darf deinen Wert bestimmen und wer nicht? Was haut dich aus der Bahn und was gibt dir wirkliche Sicherheit? Auf der Bühne und vor allem im ganzen Leben?

Das Thema „Identität" ist ein großer und sehr wichtiger Bereich. Darum möchte ich dir Mut machen, dir einmal bewusst Zeit dafür zu nehmen. So kann es z. B. hilfreich sein, einmal von Grund auf seine Vergangenheit aufzuarbeiten. Jeder von uns hat unterschiedliche Erfahrungen gemacht und Dinge erlebt, die uns geprägt und beeinflusst haben. Nutze hier ruhig die Unterstützung eines erfahrenen Seelsorgers oder – falls nötig –, eines (christlichen) Therapeuten. Denn für eine gesunde Identität ist es ratsam, sich vergangene Begebenheiten und auch Verletzungen bewusst zu machen, sie aufzuarbeiten und zu einem Abschluss zu bringen. Dies geschieht normaler Weise nicht ständig, sondern im Idealfall einmalig. Denn sich mit der Vergangenheit zu beschäftigen, kann mit dem Blick in den Rückspiegel beim Autofahren verglichen werden: Der Fokus liegt natürlich geradeaus auf der Straße. Der Blick in den Rückspiegel gibt uns jedoch einen Blick dafür, was hinter uns passiert (ist) und ob evt. Dinge zu beachten sind, die hinter dem Wagen passieren und Einfluss auf die Fahrt haben könnten.

Für deinen musikalischen Dienst im Gottesdienst ist es wichtig, dass du weißt, wer du bist. Denn um ein Lied gut von der Bühne zu kommunizieren und zu interpretieren, ist es notwendig, dass du loslassen kannst. Jedes Lied hat eine Aussage, eine Melodie und einen Text, der etwas auslöst. Je mehr du dich darauf konzentrieren kannst, welche Geschichte und Aussage dahintersteckt, desto eher kommt dies beim Publikum auch an. Bist du jedoch zu sehr damit beschäftigt, dich vor dem Publikum „zu schützen", gut anzukommen und Bestätigung zu erhalten, wird die Aussage immer flacher. Denn das Publikum wird deine – wenn auch nur leichte Angespanntheit – bemerken (und sei es nur unbewusst erahnen). Hast du jedoch keine Angst, dich sogar lächerlich zu machen, auch mal über die Stränge zu schlagen und loszulassen, kannst du den Inhalt besser transportieren. Hart gesagt: Es geht in erster Linie nicht um dich, wenn du auf der Bühne ein Lied performst! Es geht um das Lied bzw. die Aussage und das Ziel, das damit erreicht werden soll. Aber wenn du „loslässt" und dich nicht „so wichtig nimmst", wird das Lied durch dich, deine Begabungen, deine Herzenshaltung und deine Art aufblühen, und es wird Menschen berühren und bleibend verändern.

Ich bin davon überzeugt, dass Gott durch uns wirkt und auch immer mehr wirken wird, wenn wir uns auf ihn verlassen und erkennen, was er in uns hineingelegt hat. Denn nicht ohne Grund hat er dich und mich auf eine bestimmte Art und mit bestimmten Talenten beschenkt. Lebe darin und erkenne immer mehr, wie dadurch auch dein Umfeld aufblüht. Das soll dir Sicherheit und Vertrauen geben. Erkenne immer mehr, wie sehr Gott dich liebt und gebrauchen möchte.

Unsicherheit	**Selbstbewusst-sein**	**Arroganz**
Wahrnehmung vom Publikum: • Widersprüchliche Signale • Skepsis • Distanz • Publikum wird unsicher	Wahrnehmung vom Publikum: • Als Freund wahrgenommen • Vertrauen • Angenehme Atmosphäre	Wahrnehmung vom Publikum: • Empfindet Manipulation • Druck • Ablehnung

Wie du über dich selbst denkst, hat Auswirkungen bei deinem Auftritt.

Ich weiß, diese beiden Pole erscheinen uns nicht selten ambivalent: Auf der einen Seite sollen wir in den Begabungen leben, die Gott einem gegeben hat. Auf der anderen Seite sollen wir unsere Identität und unseren Wert nicht an dem festmachen, was wir können und leisten. Beides stimmt.

Gott zeigt seine Liebe zu uns, indem er uns an seiner Arbeit beteiligen möchte. Und das Schönste daran: Er will uns genau mit dem einbinden, woran wir selber Spaß haben – mit unseren Begabungen. Wenn wir daran arbeiten, üben und uns verbessern, blühen wir immer mehr in den Talenten auf, die Gott uns gegeben hat. Und wenn wir scheitern – sei es auf der Bühne, in Beziehungen oder an anderen Punkten –, sind wir dennoch geliebt und es mindert nicht im Geringsten den Wert, den wir bei Gott haben. Denn dein Vater ist der Schöpfer des Universums. Du bist sein „eigen Fleisch und Blut". Du bist geschaffen, damit du Gemeinschaft mit ihm haben kannst. Er wollte dich, so wie du bist.

Wenn du mit dieser Gewissheit auf die Bühne gehst, bist du entspannt. Du gibst das Beste, was dir möglich ist (mit deiner Zeit und deinen Fähigkeiten), und bringst Gott dein Herz. Sei dir bewusst, dass du geliebt und gewollt bist. In diesem Wissen kannst du mit deinen Fähigkeiten auf der Bühne stehen und Menschen näher zu Gott führen.

Die nächsten Schritte

Folgende Fragen und Punkte kannst du mit deinem Team oder auch erst einmal für dich selbst beantworten:

- Was sind deine Begabungen?
- Fällt es dir leicht, diese Fähigkeiten anzunehmen und darin zu leben?
- Was empfindest du, wenn andere Personen „begabter" sind als du?
- Woran machst du deinen Selbstwert und deine Identität fest?
- Gibt es Momente, in denen du dich minderwertig fühlst? Welche sind das?
- Wann fühlst du dich von Gott geliebt?
- Gibt es Punkte aus deiner Vergangenheit, die dich positiv oder negativ beeinflussen?
- Wäre ein Seelsorger für dich eine Unterstützung?

3

VISION UND TEAM

Vision und Team

Vision

Es könnte sein, dass du dir die Frage stellst, warum man eine Vision für ein Musikteam in der Kirche haben sollte. Geht es nicht nur darum, Gott anzubeten? Wie schon erwähnt, verbindet jeder mit Lobpreis und Musik in einer Kirche etwas anderes. Darum ist es sinnvoll und hilfreich, sich darüber Gedanken zu machen, was IHR als Kirche darüber denkt.

Um eine Richtung für das Team und den Dienst zu definieren, sind verschiedene Aspekte wichtig. Es kann schnell passieren, dass sich das Team inhaltlich von der Gemeinde loslöst und sich in eine andere Richtung bewegt. Darum ist es wichtig, dass die Ausrichtung des Musik-Teams mit der Ausrichtung der Gemeinde harmoniert.

Man spricht heute vom „Mission-Statement" für eine Kirche oder eine Organisation. Diesem Statement sollte alles untergeordnet sein – auch der Lobpreis in einem Gottesdienst. Dieses Missionsstatement ist idealerweise in deiner Gemeinde schon vorhanden. An diesem Leitbild kann sich euer Musik-Team orientieren. Gibt es eine solche definierte Ausrichtung nicht schriftlich, so ist eine gute Absprache mit der Leitung über eure Ausrichtung im Team überaus wichtig.

Anhand eines Mission-Statements einer Kirche möchte ich zwei Beispiele weitergeben. Diese sind jeweils als eine Möglichkeit gedacht und sollen zur Inspiration dienen. Je nach Kirche und Ausrichtung, wird es für euer Team Variationen und Änderungen geben müssen.

Beispiel 1

Mission-Statement der Kirche

Wir helfen Menschen, eine persönliche Beziehung zu Jesus Christus aufzubauen.

Mission-Statement für das Musik-Team

Das Musikteam dient den Menschen, indem es die Vision der Kirche mit musikalischen Mitteln unterstützt. Das Musik-Team hilft Menschen, Gottes Gegenwart persönlich zu erleben und ihn anzubeten.

- Menschen werden durch die kulturell relevante Musik für Jesus und die Gemeinde begeistert.
- Die Musiker/Sänger setzen ihre Gaben ein, um Gott mit den Liedern und der Musik anzubeten und Raum für sein Wirken zu schaffen.
- Die Musiker/Sänger dienen den Menschen mit ihren Gaben, um sie in die Gegenwart Gottes zu führen.

Eine andere Möglichkeit mit dem gleichen Missionsstatement der Kirche ist folgende:

Beispiel 2

Mission-Statement der Kirche

Wir helfen Menschen, eine persönliche Beziehung zu Jesus Christus aufzubauen.

Mission-Statement für das Musik-Team

Wir möchten Menschen in die Anbetung Gottes führen!
Wir möchten (in einer Einheit) mit ihnen eine mitreißende,

kraftvolle und leidenschaftliche Lobpreiszeit erleben, in der wir Gott mit voller Hingabe feiern und gemeinsam mit ihm intime Momente erleben.

- Fokussierung/Ausrichtung auf Gott
- Erkennen der Realität Gottes durch seine spürbare Anwesenheit
- Vermittlung von Freude und Hoffnung
- Förderung der Begeisterung für Gott
- Zeiten fürs Gebet
- Öffnung der Herzen für die Predigt
- Übernatürliches erleben
- Sensibilisierung für Gottes Stimme

Bei allen Überlegungen ist es wichtig, die Gemeindeleitung zu integrieren. Gerade der Stil und die Art der Lobpreiszeit im Gottesdienst sollte sich der Leitung der Kirche unterordnen. Denn es geht nicht in erster Linie darum, seinen eigenen Stil oder den eigenen Geschmack auszuleben, sondern der Kirche zu dienen. Dies ist am besten dadurch möglich, dass man sich der Ausrichtung der Kirche unterordnet. Denn neben der Predigt ist gerade die Musik das stärkste Merkmal hinsichtlich der Ausrichtung einer Kirche. Für jedes Team ist es ein großes Geschenk, wenn die Gesamtleitung nicht nur hinter der Arbeit des Teams steht, sondern auch Orientierung bietet. Damit ist nicht gemeint, dass nun die Gemeindeleitung die Lieder für den Gottesdienst aussucht oder entscheidet, wer welches Instrument spielen soll. Es geht um die „grobe" Ausrichtung der inhaltlichen und auch musikalischen Richtung im Musik-Team. Die kann z. B. wie folgt aussehen:

- Wir orientieren uns stark an … (Hillsong-Liedern, ICF Zürich, Vinyard, …)
- Eine ausgewogene Mischung zwischen englischen und deutschen Liedern (oder alternativ: nur deutsche/englische Lieder/…)
- Moderner und zeitgemäßer Stil und Arrangements (Welche Musikrichtung? Pop-Rock, Liedermacher, Pop, …)
- Eigene Lieder, die inhaltlich und musikalisch zu den Werten passen, sind besonders erwünscht.
- …

In diesem Zusammenhang möchte ich auch erwähnen, dass die Annahme „Je ruhiger ein Lied ist, desto anbetender ist es“, nicht unbedingt stimmt. Denn das hieße ja, dass z. B. Psalm 150 keine wirkliche Anbetung wäre. Denn dort geht es darum, auf die Pauke zu hauen, Trommeln zu schlagen und zu tanzen („Lobt Gott mit Trommeln und Freudentanz …“). So kann man Gott anbeten und ihm danken.

> *„… mit lautem Jubel danke ich dem Herrn, mit Singen und Spielen preise ich ihn.“ Psalm 27,6*

Allgemein würde ich sagen, dass Männer ihre Gefühle für Gott eher mit Psalm 150 ausdrücken können, als mit sehr ruhigen Liedern. Beachte dies unbedingt in der Liedauswahl und bezüglich der Art der Lobpreiszeit im Gottesdienst. Habe eine gute und klare Definition für den Lobpreis-Stil in deiner Kirche.

Die nächsten Schritte

Entwickelt ein Mission-Statement/eine Vision für euer Team.

- Was ist das Mission-Statement eurer Kirche?
- Was bedeutet dies für euer Team?

Besprecht die Ausrichtung und den Musikstil des Lobpreises mit eurer Kirchenleitung.

- Wie würdet ihr euren jetzigen Stil beschreiben?
- In welche Richtung möchtet ihr als Kirche gehen?

Team

Um Musik in einer Kirche zu gestalten, benötigt es ein Team. Wenn die Vision und die Ausrichtung klar sind, kann man sich gemeinsam daran orientieren. Doch es gibt für ein Team natürlich noch mehr zu bedenken.

In jedem Team gibt es Strukturen, Ziele und Werte, eine Leitung und ähnliche Bereiche. Vielleicht sind diese Punkte nicht immer schriftlich fixiert oder geklärt, trotzdem sind sie in der Regel vorhanden. Oft haben sich diese Strukturen oder Werte einfach nur eingebürgert oder sind unbewusst vorhanden. Besser wäre es jedoch, sich über diese Teampunkte klar zu sein und diese auch für alle hinreichend zu erörtern. Dies kann unterschiedlich aussehen und umgesetzt werden.

Einen Punkt möchte ich aus diesen ganzen Bereichen herausgreifen: Werte. Denn auf dem Hintergrund der Werte, die im Team gelebt werden, werden Entscheidungen getroffen und wird miteinander gearbeitet. Manche Werte ergeben sich aus dem Mission-Statement der Kirche und der Übernahme der Werte der Kirche. Andere wiederum sind eigene Werte, für die man sich als einzelnes Team entschieden hat. Wenn diese Werte definiert sind, kann man leichter miteinander arbeiten. Denn alle Beteiligten können sich an der Art, WIE man zusammenarbeiten möchte, orientieren und sich gegenseitige Hilfestellung geben. Weil jedes Team aus ganz unterschiedlichen Personen besteht, kommen hier jeweils unterschiedliche Werte zusammen, die den Ausschlag dafür geben, was für jeden einzelnen als „normal" gilt. Durch die gemeinsame Entwicklung der Teamwerte wird für das Miteinander geklärt, was unter ihnen nun als „normal" gelten soll.

Auch hier möchte ich zwei verschiedene Konzepte vorstellen, die als Anregung dienen sollen.

Beispiel 1
Werte für unser Team

- Geistlicher Austausch
  Wir wollen uns über unser Leben mit Gott austauschen und mitteilen.
- Mittragen
  Wie wollen einander im Team unterstützen.
- Verbindlichkeit
  Wir sind verbindlich im Team und tragen die Vision mit.
- Vorbereitet und pünktlich
  Wir kommen zu den Proben und Auftritten pünktlich und vorbereitet.

- Feedbackkultur
  Wir haben eine konstruktive Feedbackkultur, um an unseren Gaben zu arbeiten.
- Authentisch
  Wir wollen echt und authentisch voreinander und auf der Bühne sein.
- Offene Kommunikation
  Wir wollen offen, klar und liebevoll miteinander kommunizieren.

Dies ist eine Liste von Werten, für die sich ein Team entschieden hat. Diese Liste lässt sich ohne weiteres ergänzen oder auch verkürzen.

Eine weitere Möglichkeit ist es, den gesamten Musik-Bereich auf bestimmte Werte zu stellen. Hierzu ein Beispiel:

Beispiel 2
Werte für unser Team
Wir träumen von einem leidenschaftlichen Musik-Bereich, der von einer positiven, ermutigenden Gemeinschaft geprägt ist. Er ist gabenorientiert, vergrößert sich ständig und jede einzelne Person nimmt ihren spezifischen Platz ein. Geistliches und persönliches Wachstum sind die Frucht, die aus dem Investment jedes Teammitglieds erwächst.

Unser Ziel ist, eine nachhaltige Worshipströmung/-Stil zu entwickeln, die geistlich tief und „Massen-Kirche“ tauglich ist sowie qualitativ ein höchstes Level erreicht. Unsere Musik ist kulturrelevant und Jesus wird durch sie erlebbar.

Werte

- Leidenschaft
- Nachhaltige Worshipströmung/-stil
- Ermutigung/Gemeinschaft
- Gabenorientierung
- Multiplikation
- Wachstum
- Kulturrelevanz [2]

(Zu dem zweiten Beispiel findest du im Anhang noch weiterführende Fragen zur Vertiefung.)

Nehmt euch im Team Zeit, um gemeinsame Werte zu finden. Um diese zu entwickeln, gibt es unterschiedliche Ideen und Möglichkeiten. Ihr könnt z. B. einfach beginnen, darüber zu sprechen, wie ihr miteinander gerne arbeiten möchtet. Was ist jedem wichtig? Sammelt diese Punkte auch schriftlich und sortiert diese vor euch auf einem Tisch oder einem Flipchart. Beim Sortieren dieser Punkte ergibt sich so nach und nach ein immer besseres Bild von den eigenen Überzeugungen im Team.

Solche Werte können zu den allgemeinen Werten der Kirche hinzukommen und helfen dabei, gezielt im Hinblick auf das Missionsstatement zu arbeiten.

Neue Mitarbeiter

Wenn neue Mitarbeiter in das Team integriert werden sollen, sind das Mission-Statement sowie die Werte überaus hilfreich. Diese können gleich zu Beginn mitgeteilt werden. So können neue Teammitglieder das Team und deren Ausrichtung schneller kennenlernen und wissen, was auf sie zukommt.

Zur Integration neuer Teammitglieder wäre hinsichtlich der Verantwortung, die diese Personen auf der Bühne der Kirche haben, sicherlich noch viel zu erwähnen. Es gibt ganz unterschiedliche Arten und Weisen, dies zu tun. Jede hat garantiert ihre Vor- und auch Nachteile und kann auch je nach Größe der Kirche variieren. Betonen möchte ich an dieser Stelle, dass Personen nicht einfach mal eben schnell auf die Bühne gestellt werden sollten. Gerade neue „Anwärter" für das gemeinsame Musizieren im Gottesdienst sollten begleitet werden, wie immer man dies auch gestalten mag (dreimonatige Probezeit, Audition, Mitarbeiterbogen vorab ausfüllen, Mentor, Vorabgespräch usw.). Als Team solltet ihr unbedingt offen sein, neue Personen mit hineinzunehmen. Auf der anderen Seite solltet ihr auch Erwartungen und Anforderungen an die Personen haben und diese nicht zu niedrig ansetzen (musikalisch, charakterlich, geistlich, etc.). Denn es ist ein großes Geschenk, aber auch eine große Verantwortung, diesen Dienst zu übernehmen und den Gottesdienst zu gestalten.

Um das ganze Thema Team und Teambildung zu vertiefen, gibt es gute Fachliteratur. Suche dir für dein Team im ersten Schritt aber nur 2–4 konkrete Punkte aus dem gesamten Bereich Team/Teambilding heraus, an denen ihr gemeinsam arbeiten möchtet. Denn sonst besteht die Gefahr, dass ihr euch verzettelt.

Die nächsten Schritte

Entwickelt eigene Teamwerte.

- Welche Werte hat eure Kirche?
- Was ist euch als Team für die Zusammenarbeit wichtig?
- Wie könnt ihr beginnen, mit diesen Werten gemeinsam zu arbeiten?

Entwickelt eine Strategie/Abläufe zur Integration von neuen Musikern ins Team.

- Welche Erfahrungen habt ihr bei der Integration neuer Mitarbeiter gemacht?
- Welche Möglichkeiten könnt ihr euch dafür vorstellen?
- Wer könnte für die Integration verantwortlich sein?

Lobpreisleiter

Die Musik im Gottesdienst sollte immer angeleitet werden. Es ist wichtig, dass eine Person in einem Lobpreisteil die Gemeinde inhaltlich und musikalisch führt. Dies kann natürlich ganz unterschiedlich aussehen (später dazu mehr). Es sollte diesen Lobpreisleiter jedoch geben. Die Betonung des Lobpreisleiters soll in keiner Weise eine Wertung gegenüber den anderen Musikern darstellen, sondern nur die Notwendigkeit der Aufgabe in einem Musik-Team.

Als Lobpreisleiter hat man eine wunderbare Aufgabe und Verantwortung. Nicht nur direkt am Sonntag auf der Bühne, sondern auch im Team und im eigenen Leben. Denn es geht nicht darum, eine tolle Performance auf der Bühne abzuliefern, sondern echt und authentisch zu sein: in der Nachfolge Jesu, in Beziehungen, im Team, im gesamten Leben. Wie ein Leiter sein soll und welche Voraussetzungen er mitbringen sollte – daran werden in der Regel hohe Anforderungen gestellt. Eigentlich stimme ich da voll mit ein: Die Person sollte charakterlich fest sein, sozial kompetent und vor allem mit aufrichtigem Herzen Gott lieben und ihm dienen. Dazu sollte sie teamfähig sein, begabt für Leitungsaufgaben, erfüllt mit dem Heiligen Geist, u. v. m.

Man kann solch ein Anforderungsprofil beliebig erweitern, denn all dies ist sicherlich richtig und erstrebenswert. Eine Leiter-Aufgabe sollte man nicht so einfach irgendjemandem anvertrauen und übergeben. Und auch man selbst sollte sich überlegen, ob man eine Leiterfunktion jetzt übernehmen kann und will. Es ist sehr wichtig, sich darüber Gedanken zu machen.

Es gibt viele gute Lobpreisleiter- und Leiterschaftsbücher, die gerade diesen Bereich gut ansprechen und analysieren.[3] Beschäftige dich mit dem Thema Leiterschaft. Gerade wenn du Verantwortung für ein Team hast, solltest du dein Wissen und deine Erfahrung darüber vermehren.

Allem voran finde ich bei einem Leiter wichtig, dass dieser das Herz Gottes sucht (wobei das eigentlich auch für jeden Mitarbeiter gilt). Was meine ich damit? Ein Leiter trägt eine Verantwortung – zum einen für sich persönlich, und zum anderen auch für die Bereiche, die ihm anvertraut worden sind (Familie, Beruf, Team, Kirche usw.). Darum ist es entscheidend, ob diese Person Gott sucht, Zeit mit ihm verbringt und beständig nach seinen Willen fragt.

Das sieht bei jedem anders aus. Der eine betet sehr lange, der andere verbringt viel Zeit mit der Bibel. Einige gehen mit Gott raus in die Natur, wieder andere treffen sich mit anderen Menschen, um über Gott zu sprechen und ihn zu hören usw. Aber eines ist immer gleich: Sie möchten ganz nah an Gottes Herzschlag sein und ihm nachfolgen. Und das ist nicht nur ihre persönliche Sache, sondern auch die Menschen um sie herum spüren das – meist ganz von alleine und ohne, dass die betreffende Person es bewusst steuert. Man spürt diesen Menschen einfach ab, dass sie es lieben, bei und mit Gott zu sein. Das ist für mich die Basis eines Leiters.

Ein weiterer Punkt ist, dass dieser Leiter nicht stehen bleibt: Nicht in der persönlichen Entwicklung, nicht im Glauben, nicht in seinen Fähigkeiten und auch nicht in Einstellungen und Überzeugungen. Ein Leiter sollte lernbereit und lernfähig sein. Dies geschieht meist in ganz unterschiedlichem Tempo. Der eine stürmt förmlich in seiner charakterlichen Entwicklung voran, aber auf anderen Gebieten ist er vielleicht eher im Schneckentempo unterwegs. Aber das ist in Ordnung, solange die Person als Ganzes nicht stehen bleibt. Denn wenn ein Leiter beständig auf einer Stelle steht, wird es für ihn und vor allem für sein gesamtes Umfeld sehr schwierig. Wenn man z. B. als Teammitglied jedoch sieht, dass der eigene Leiter sich grundsätzlich entwickelt, dann kann man viel entspannter noch nicht so optimale Bereiche stehen lassen und auch Geduld zeigen. Als Leiter sollte man bereit für Veränderungen und Entwicklungen sein. Nicht auf Biegen und Brechen, aber beständig.

Ich persönlich finde diese beiden Punkte sehr wichtig und

sie sollten jeden Leiter auszeichnen. (Natürlich sind Leiterfähigkeiten und spezifische Begabungen als Leiter auch nicht schlecht.) Ein Herz, das Gottes Herz sucht, ist so entscheidend. Achte bei dir darauf!

Von einem Lobpreisleiter werden oft Unmengen erwartet und gewünscht. Sei entspannt und suche Gott. Auf deine Art und Weise. Aber tue es beständig und sei offen für persönliche Veränderungen. Das ist schnell gesagt, aber es braucht Zeit, sich das immer wieder neu ins Bewusstsein zu rufen.

Die nächsten Schritte

- Welche Erwartungen und Anforderungen hat eure Gemeindeleitung an den Lobpreisleiter?
- Welche Wünsche habt ihr als Team hinsichtlich des Lobpreisleiters?
- Wie gehst du als Lobpreisleiter mit diesen Anforderungen um?
- Wie bildest du dich als Leiter weiter?
- Auf welche Weise bekommst du von deinem Team und der Gemeindeleitung Unterstützung?

4

PLANUNG UND VORBEREITUNG

Planung und Vorbereitung

Repertoire

Die Liedauswahl ist für den Lobpreis in einer Kirche sehr entscheidend. Und es gibt zahlreiche Möglichkeiten, wie diese gestaltet werden kann. Folgende Varianten habe ich selbst schon erlebt oder von ihnen gehört:

- Es wird spontan am Sonntagmorgen geschaut, welche Lieder gesungen werden könnten.
- Der Pastor sucht in der Woche zuvor die Songs für das Musik-Team heraus.
- Die Person, die den Gottesdienst leitet (Moderator), sucht die Lieder aus und überreicht dem Team die Liste zwei Tage vor dem Gottesdienst (häufig ohne selbst Musiker zu sein).
- Der Lobpreisleiter sucht die Songs aus der riesigen Menge christlichen Liedguts heraus.

Jede der aufgeführten Varianten hat ihre Stärken – und ihre Schwächen. Und oft hat sich eine bestimmte Art der Liedauswahl einfach eingebürgert, weil sie sich in der Vergangenheit als praktikabel oder auch als hilfreich erwiesen hat.

Darum soll die nachfolgende Möglichkeit, die ich dir nahelegen möchte, dir und deinem gesamten Team eine gute Möglichkeit zu bieten, engagiert und auch entspannt zu arbeiten.

Wie schon besprochen, sollten sowohl die Vision als auch die inhaltliche und musikalische Ausrichtung des Lobpreises von der Gemeindeleitung initiiert sein. Auf dieser Grundlage geht es nun daran, die einzelnen Songs auszusuchen.

Nutze ein festes Repertoire

Für den Lobpreis in der Kirche ist Qualität gewünscht – und die in jeglicher Form. Um diese zu erreichen, braucht es nicht nur begabte Personen und gute Proben (s. u.), sondern auch ein begrenztes Liedrepertoire. Denn egal, wie begabt und befähigt man sein mag: Ein gutes Zusammenspiel benötigt Proben, persönliches Üben, Auswendiglernen und vieles mehr. Um diese Arbeit zu erleichtern, hat sich ein festes Repertoire in vielen Gemeinden bewährt. So kann man sich z. B. auf ein Liedgut von 14 bis 16 Liedern festlegen. Dieses Repertoire ist nicht starr, sondern wird jeden Monat leicht verändert. So kann man zum Beispiel jeweils im Monats-Rhythmus ein Lied aus der Liste streichen und ein neues hinzufügen. Aufs Jahr gesehen, sollten es im Schnitt pro Monat nicht mehr als 1,5 neue Lieder sein. Dadurch wird erreicht, dass die einzelnen Musiker und Sänger sich auf die bestehenden Songs konzen trieren können und so automatisch an der Qualität arbeiten.

Bei der Gesamtauswahl der Lieder für das Repertoire sollte bedacht werden, die Lieder thematisch breit gefächert auszuwählen und dabei auch auf ein Gleichgewicht von dynamischen und weniger dynamischen Liedern zu achten (z. B. einige schnellere Lobpreis- und einige ruhigere Anbetungslieder). Achte insgesamt auf eine gute Mischung. Gibt es zu viele sehr ruhige Songs, kann der Lobpreis im Gottesdienst dementsprechend wenig ein „Feiern“ werden.

Für den Lobpreisleiter ist es in diesem Zusammenhang immer förderlich, wenn er eine sehr gute Kommunikation mit dem Pastor der Kirche pflegt. Soll z. B. ein Lied in der Kirche neu eingeführt und gesungen werden, kann und sollte man, besonders wenn man als Lobpreisleiter anfängt, dies vorher mit dem Pastor besprechen. Hier können vor allem auch die Art des Songs und der Text gemeinsam betrachtet werden. Passt der Song zur Kirche? Ist der Text theologisch im Einklang mit dem Gottesbild und dem Bibelverständnis? Auch wenn man es kaum glaubt: Es gibt immer wieder Lieder, die textlich nicht 100-prozentig mit der Bibel konform gehen. Natürlich kann es sein, dass der Künstler eine persönliche emotionale Wahrnehmung mit dem Lied ausdrücken wollte. Jedoch besteht die Gefahr, dass gerade durch Lieder theologisch Widersprüchliches oder sogar „Falsches" in einer Gemeinde fest verankert werden. Darum nutze das Gespräch mit deinem Pastor.

Diese Repertoireliste kann nun dem Musik-Team eine sehr gute Arbeitsgrundlage bieten. Jeder einzelne kann diese Lieder üben und daran arbeiten. Gemeinsam kann so bei den Proben an den Arrangements gefeilt werden.

Vielleicht wird nun der eine oder andere zu bedenken geben, dass man sich damit zu stark eingrenzt und häufig auch thematisch nicht genügend Lieder zur Verfügung hat. Verschiedene Gemeinden haben mir bestätigt, dass eine starke thematische Auswahl der Lieder bezüglich des Gottesdienstes-Themas kaum beachtet werden muss und nicht unbedingt notwendig erscheint. Ist eine Lobpreiszeit vor der Predigt, sind die Gottesdienstbesucher thematisch in der Regel noch nicht sensibilisiert. Auch wenn die meisten Lieder einen Schwerpunkt auf ein geistliches Thema oder eine Eigenschaft Gottes legen, können diese jedoch je nach persönlichem Empfinden eine unterschiedliche Betonung bekommen. Dies ist eine große Chance für die Lobpreiszeit.

Sicherlich kann ein Song nach einer Predigt, der diese weiterführt oder auch zusammenfasst, ein wirkliches Highlight werden. Ist dies möglich, sollte man dies unbedingt umsetzen. Es geht bei der Auswahlliste um eine grundsätzliche

Entscheidung. Sicherlich kann man darin auch mal flexibel sein und ein anderes Lied für den Gottesdienst aussuchen. Das sollte jedoch die unbedingte Ausnahme sein. Ergeben sich aufgrund der Kapazitäten im Team Freiräume, kann man einen Solosong oder Ähnliches (unabhängig vom Repertoire) zum Gottesdienst beitragen.

Ein festes Liedgut schenkt auch der gesamten Kirche eine optimalere Ausgangslage für den Lobpreis im Gottesdienst. Kommen ständig neue Lieder hinzu, liegt der Fokus häufig mehr auf dem Kennenlernen des Liedes, anstatt auf der Anbetung. Auch für Personen, die noch neu in einer Gemeinde sind und das „alt bekannte Liedgut" gar nicht kennen, ist es ein Vorteil.

Als Musiker kann es einem sehr schnell so vorkommen, als ob man das Lied schon zum 1000. Mal spielen würde, dabei war es vielleicht gerade zweimal im Gottesdienst zu hören. Das kommt daher, dass man den Song meistens schon vor der Aufnahme ins Repertoire kannte. Man hat sich damit auseinander gesetzt, es zu Hause allein geprobt, es auswendig gelernt und dazu auch noch mit der Band geprobt und evtl. beim Soundcheck angespielt usw. Doch hier sollte einen die subjektive Wahrnehmung nicht täuschen. Für mich persönlich war es immer eine Hilfe, die Lieder, die im Gottesdienst gesungen wurden, aufzuschreiben und mit Datum abzuheften. So konnte ich immer nachschauen, was wann wirklich gespielt wurde. Orientierung gaben dann Zahlen und Daten und nicht mein eigener subjektiver Eindruck.

Welches Lied sollte man ersetzen?

Jeder hat seine persönlichen Lieblingslieder. Das ist normal. Bei dem einen spricht einen der Text besonders an. Bei dem anderen Lied ist es vielleicht die Melodie, die einzigartig ist. Und wieder bei einem anderen Song ist es so, dass das Arrangement der Band so eingängig ist, dass es jeder der Musiker von Herzen gerne spielt. Doch nun soll ein Song aus dem Repertoire herausgenommen werden, weil etwas Neues eingeführt wird? Folgende Kriterien sollen dir helfen, eine Auswahl zu treffen:

Ein Lied sollte ersetzt werden, wenn:

- die Band es nicht gut spielen oder der Sänger es nicht gut interpretieren kann (trotz vieler Proben).
- die Gemeinde das Lied nicht annimmt (dies kann man schon nach 1–2 Lobpreiszeiten erkennen).
- Es schon zu oft gesungen wurde bzw. kurz davor ist, zu oft gesungen zu werden.

Es kann immer wieder vorkommen, dass eine Band ein bestimmtes Lied nicht gut umsetzen kann. Dies kann an den musikalischen Fähigkeiten, aber auch an der Instrumentalisierung der Band liegen. Natürlich sollte man üben und proben, aber auch so fair gegenüber allen Beteiligten sein, ein Lied aus diesem Grund zu streichen oder erst gar nicht einzuführen.

In meinem Team haben wir einmal ein wirklich schönes Lied gespielt. Es harmonierte musikalisch, die Sänger konnten es gut singen und das gesamte Team mochte das Lied (inhaltlich und musikalisch). Jedoch hatte der Großteil der Gemeinde nicht das Verhältnis zu dem Lied wie wir als Musik-Team. Aus irgendeinem Grund kam es im Gottesdienst nicht so an, wie es eigentlich erwünscht war. Sei es wegen der Melodie, der Art des Vortragens oder der Aussage des Textes. Und so haben wir es nach zweimaligem Spielen aus dem Liedrepertoire des Gottesdienstes gestrichen.

Sicher, das ist manchmal hart. Aber es bringt der Kirche

als ganzer nichts, wenn in der Zeit im Gottesdienst ein Team von Herzen Gott mit einem Lied anbeten kann, aber der Rest nur dabei steht und nichts damit anfangen kann.

Versucht darum als Musik-Team ein Gefühl dafür zu entwickeln, wann ein Lied vom „Hit“ zum „Flop“ wird. Wie kann man das erreichen? Achtet zum einen darauf, wie die Gemeinde im Lobpreis mit dem Song mitzieht. Und zum anderem bleibt im Gespräch und fragt auch mal quer durch die Bank, welche Songs gerne und welche nicht so gerne gesungen werden. Schaut dabei, dass ihr nicht nur mit Leuten sprecht, die auf eurer „Wellenlinie“ mit euch liegen, sondern gerade auch Personen, die vielleicht älter oder jünger sind, die andere Geschmäcker haben oder dergleichen. Dennoch solltet ihr daraus keine Hitparade oder ein Wunschkonzert machen, sondern ein Gespür für die Liedauswahl entwickeln.

> *Tipp*: Sucht bei der Auswahl der Lieder die besten Songs heraus, die es gibt. Oft ist es besser, ein Lied als Musik-Team zu covern, statt ein eigenes zu schreiben. Dies mag vordergründig hart klingen, ist aber für die Gemeinde als Ganzes zum Vorteil. Wenn jemand aus eurem Team ein eigenes Lied komponiert hat und dies das Potenzial hat, ein wirklicher Hit zu werden, nutzt diesen Song. Habt aber immer das Kriterium „Wir möchten die besten Songs für den Lobpreis“ vor Augen.

Die nächsten Schritte

Entwickelt ein festes Repertoire von 14–16 Liedern.

- Welche Songs sind momentan die „besten“, die es gibt?

Bespricht die Liedauswahl evtl. mit der Gemeindeleitung.

Erneurt die Liedauswahl um 1–2 Liedern im Monat.

- Wer sucht die neuen Lieder heraus?
- Wer kann Vorschläge machen und wer entscheidet?

Ersetzt Songs aus der Liste, die nicht (mehr) „funktionieren“.

- Wie könnt ihr als Team merken, welche Songs für eure Kirche nicht mehr geeignet sind?

- Welchen Ablauf könnt ihr als Team für die Songauswahl initiieren?

Liedauswahl für den Gottesdienst

Mit dem festen Liedrepertoire kann man als nächsten Schritt die Liedauswahl für einen Gottesdienst angehen. Je nach Kirche und Gottesdienstablauf ergibt sich eine unterschiedliche Anzahl an Songs, die in einem Gottesdienst gesungen werden. Es sollten jedoch nicht übermäßig viele sein. Denn daraus ergibt sich nicht nur ein höherer Aufwand für die Band (welchem man zwar mit guter Planung und Organisation entgegenwirken könnte), sondern auch für die Gottesdienstbesucher kann eine zu große Anzahl an Liedern ermüdend wirken.

Optimal finde ich es, rund 5–7 Lieder in einem Gottesdienst zu platzieren. So kann man z. B. mit einem Anfangssong starten, dann 3–4 Songs in einem Block singen und nach der Predigt ein weiteres Lied performen. Als Abschluss des Gottesdienstes könnte ein „Reprise“, also die kurze Wiederholung eines Teils eines im Gottesdienst bereits gesungenen Liedes, gespielt werden.

Für die Auswahl der Lieder und die Reihenfolge in einem Worship-Block, möchte ich folgende Tipps weitergeben:

- Beachte den zeitlichen Rahmen und die Vorgaben deiner Kirche und der Leitung.
- Beginne mit einem eher fröhlichen und motivierenden Lied. So kannst du die Besucher optimal abholen.
- Wähle die Platzierung für neue oder eher unbekanntere Songs im Gottesdienst sehr bewusst aus. Überlege dir, wie das Publikum darauf reagieren könnte. So kann man neue Songs z. B. direkt nach einer Predigt spielen (ReFokus-Song) und dann später in einen Lobpreisteil integrieren.
- Bringe die ausgesuchten Lieder in einen Zusammenhang, damit sie harmonieren. Dies kannst du durch die Beach-

tung von Rhythmus, Thema, Stimmung und Dynamik erreichen. Du solltest nicht ständige Stimmungswechsel bei den Liedern haben. Auch der Wechsel der Perspektive der Lieder (singe ich ZU Gott/ÜBER Gott) sollte beachtet werden.

- Beende den Lobpreis-Block mit etwas Bekanntem und Dynamischem. Denn damit gehen die Gottesdienstbesucher zum nächsten Element des Gottesdienstes über.

Anhand eines Schaubildes möchte ich die Abwechslung der Songs und deren Dynamik in einem Worshipteil verdeutlichen:

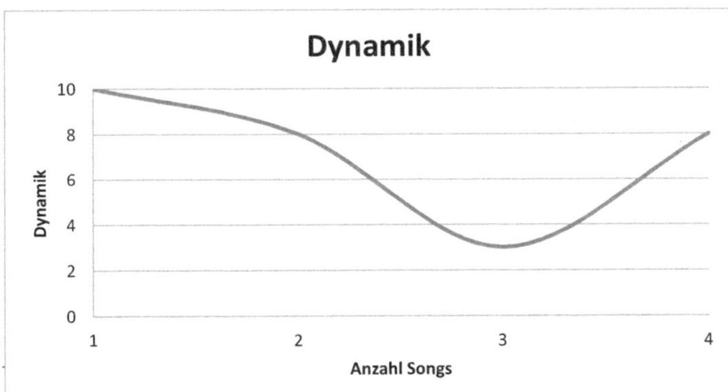

Dies ist ein möglicher Ablauf für einen Lobpreisblock. In diesem Beispielablauf werden die Zuschauer mit einem dynamischen und bekannten Lied abgeholt und in der Mitte in eher ruhige Momente geführt. So kann man bei einem eher ruhigen Song auch Raum für ein „Momentum" schaffen. Damit ist ein Freiraum für die Zuschauer gemeint, in dem sie Zeit für Gebete und das Hören auf Gottes Reden haben oder auch einfach nur „sein können". Diese Zeit kann für eine tiefe und persönliche Zeit im Rahmen eines Lobpreis-Blockes genutzt werden. Die Band kann z. B. auf einem Akkord weiterspielen und dieses Momentum durch eine Art „sphärischen" Klang unterstützen. Im Idealfall muss man als Lobpreisleiter in solch einem Moment nichts mehr sagen, da die Menschen im Vorfeld dorthin geführt worden sind. Löse diese Zeit dann mit einem eher fröhlichen Lied auf und leite so in den nächsten Teil des Gottesdienstes über. Dieser Ablauf hat sich in vielen Gemeinden bewährt, kann aber natürlich immer verändert werden. Dies sollte aber bewusst gewählt und zudem auf gute Übergänge geachtet werden.

Wenn möglich, kann man versuchen, die Lieder aus dem vorhandenen Repertoire thematisch zum Gottesdienst passend auszuwählen. Dies ist jedoch wie erwähnt nicht unbedingt erforderlich. Für ein Lied nach der Predigt ist ein thematisches Aufgreifen ideal.

Ist in einem Gottesdienst ein Worshipblock nach einer Predigt geplant, muss man sehr stark abwägen, ob der o. g. Ablauf ideal ist. Denn aufgrund der Predigt und des Themas kann es besser sein, mit einem sehr ruhigen Song zu beginnen. Hilfreich für die Vorbereitung ist das Gespräch mit dem Prediger. Sehr wahrscheinlich kann er abwägen, ob das Ende der Predigt eher ruhig und seelsorgerlich wird oder eher zum Feiern und Danken überleitet. Je nach Thema des Gottesdienstes, kann man dies z. T. schon im Voraus erkennen (z. B. bei Thema Freude/Dank oder Themen wie Vergebung, Trost, etc.).

Monatsrepertoire

Um einen guten Ablauf für das gesamte Musik-Team zu gewährleisten und ein Gewicht auf die Qualität und Verbesserung der Auftritte zu ermöglichen, sollte man weit genug vorausplanen. So kann man z. B. dem Team immer Mitte des Monats die Liedauswahl aus dem Repertoire für den gesamten nächsten Kalender-Monat aushändigen. Dies mag manchem sehr weit vorgegriffen zu sein. Aber um an den Gaben und Fähigkeiten, an der Qualität und auch dem Zusammenspiel zu arbeiten, ist dies gerade in der Zusammenarbeit mit Ehrenamtlichen erforderlich. Wenn z. B. spontan einzelne Extra-Songs in einem Gottesdienst gewünscht sind, ist dies aufgrund der guten Vorarbeit und Planung viel leichter möglich. Denn jeder Musiker konnte sich ausführlich auf die anderen Songs vorbereiten.

Eine gute Möglichkeit für die Monatsplanung ist es auch, aus dem gesamten Repertoire nur zirka 8–10 Lieder für einen Monat herauszusuchen. In dieser Auswahl befindet sich dann auch ein neues Lied, das für die Gemeinde eingeführt werden soll. So kann sich die Band pro Monat auf eine begrenzte Anzahl von Songs einstellen und die Betonung auf das Zusammenspiel legen. Mit diesen Liedern ist es möglich, an den vier Sonntagen im Monat einen abwechslungsreichen Lobpreisblock zu gestalten. Probiere dies einfach einmal aus. Die Zeit in den wöchentlichen Proben kann man dadurch effizienter nutzen, um am gemeinsamen Musizieren der Band zu arbeiten. Man sollte jedoch trotz der kleinen Liedauswahl nicht dazu übergehen, Proben ausfallen zu lassen.

Die nächsten Schritte

Stelle die Lieder für den Gottesdienst optimal zusammen (alles im Fluss).

- Wer im Team sucht die Lieder für den Gottesdienst heraus?

Begrenze deine Liedauswahl pro Sonntag.

- Welche Auswirkungen könnte das auf euren Gottesdienst haben?

Habe ein festes Repertoire.

- Mit welchen Personen in der Gemeinde solltet ihr über diese Änderung sprechen?
- Fühlt ihr euch als Team oder Kirche von einem Repertoire eingeengt?
- Welche Vorteile bringt ein festes Repertoire eurem Team? Eurer Kirche?

Habe ein Monats-Repertoire.

- Wie könnte ein Monatsrepertoire konkret aussehen?
- Welche Vor- und Nachteile ergeben sich daraus?

Plane die Songs rechtzeitig.

- Was heißt für euch als Team „rechtzeitig"?
- Wie können alle Musiker die rechtzeitige Planung nutzen? Wird diese auch genutzt?

Spiele auswendig

Wenn ein Repertoire feststeht, kann es von jedem Teammitglied geübt werden. Durch diese feste Auswahl an Liedern, wird die musikalische Qualität verbessert. Gerade neuen Musikern, die ins Team hineinkommen, wird dadurch ein Einstieg erleichtert, weil sie sich so schon vorab mit dem Liedgut auseinandersetzen können.

Wenn man irgendeine Show oder Veranstaltung besucht oder einen Fernsehauftritt sieht, kann man eine bestimmte Beobachtung machen: Alle Künstler und Musiker singen und spielen auswendig. Wenn man ein Lied interpretiert und von Herzen singen möchte, dann muss man es wirklich verinnerlicht haben. Da ist es nicht sehr hilfreich, wenn man den Text ablesen muss. Das Augenmerk eines Sängers im Gottesdienst liegt ja darauf, den Lobpreis durch den Gesang anzuleiten. Muss man sich jedoch auf den Text oder die Melodie konzentrieren, verliert man schneller das Publikum und auch den gesamten Inhalt aus dem Fokus. Hinzu kommt, dass es in unserer Kultur absolut nicht üblich ist, ein Lied, das auf einer Bühne vorgetragen wird, nach Noten abzuspielen oder abzulesen (Ausnahme ist hier die Klassik).

Natürlich kann es sein, dass mancher sich damit schwertut. Wenn du dies in deinem Team einführst, dann beginne mit den Sängern. Mit Übung und einigen Proben wird es jeder schaffen, rund 15 Lieder auswendig zu lernen. Denn das macht man ja nicht auf einmal, sondern nach und nach.

Ich möchte diesen Punkt wirklich noch einmal betonen: Singe auf einer Bühne immer auswendig! Wir kommen später noch auf die Notwendigkeit von Mimik und Augenkontakt zum Publikum zurück. Gerade auch dafür ist es wichtig, die Songs auswendig zu spielen, damit du richtig von der Bühne kommunizieren kannst.

Als Musiker tue ich mich persönlich immer schwer, ohne Noten Klavier zu spielen, und das muss auch nicht unbedingt sein. Wichtig ist: Beherrsche dein Instrument, das Lied und habe keine Notenständer mit zig Notenblättern herumstehen. Benötigst du Noten, versuche dir zu helfen, indem du z. B. die Akkordfolge aufschreibst. Wenn du einen Zettel auf den Fußboden oder dein Klavier legst/klebst, kannst du diese dann ganz elegant ablesen, ohne dass es stark auffällt. Schaue dir doch einmal als Außenstehender das Bild einer Band an, in der jeder einen Notenständer vor sich stehen hat. Der eine oder andere vertieft sich hinein (oder versteckt sich vor dem Publikum), was eine Barriere zu den Zuschauern aufbaut. Wie anders jedoch kann man auch als gesamte Band kommunizieren, wenn diese Gegenstände erst gar nicht auf die Bühne kommen! Darum: Wenn irgend möglich, spiele dein Instrument auswendig. Nutze ggf. die Hilfe eines elegant platzierten Zettels. Wenn es dir als Musiker jedoch möglich ist: spiele auswendig.

Durch deine Vorbereitung und das Auswendigspielen und -singen, kannst du das Lied besser performen und mit dem Publikum kommunizieren. Und seien wir mal ehrlich: Wer hat schon mal Darlene Zschech oder Chris Tomlin, oder auf säkularen Bühnen Jennifer Lopez oder Usher mit Noten auf der Bühne gesehen?

Probe

Sei vorbereitet

Jeder, der schon einmal Teil eines Teams war, kennt das: Eine Gruppe ist noch lange kein Team. Und auch wenn alle zusammen Musik machen möchten, heißt das noch lange nicht, dass sie gemeinsam in eine Richtung gehen.

Die nächsten Schritte

Lerne die Lieder auswendig zu spielen und zu singen.

- Welche Vor- und Nachteile ergeben sich daraus, auswendig zu singen und zu spielen?
- Welche Voraussetzungen müssen für jeden dafür gegeben sein?
- Bis wann möchtet ihr als Team die Lieder auswendig spielen (Termin)?

Nutze als Musiker evtl. ein Bandsheet (nur Akkorde).

- Möchtet ihr ein Bandsheet grundsätzlich oder nur vorübergehend auf der Bühne einführen?

Schaffe auf der Bühne die Notenständer ab.

- Bis wann möchtet ihr das umsetzen?

- Welche Auswirkungen hat es für die Gottesdienstplanung, wenn alle Songs auswendig gespielt werden?

Als Musik-Team habt ihr eine gemeinsame Vision und verfolgt ein klares Ziel. Dafür braucht es Proben. Egal, wie begabt oder befähigt manche auch sein mögen: selbst Profis proben. Gerade sie tun es, weil sie wissen, wie wichtig kontinuierliches Üben ist.

Auch wir wollen für das Reich Gottes das Beste geben und nicht nur mal eben was „runter spielen". Streiche unbedingt solche Sätze wie: „Für den Lobpreis reicht das schon. Für die Kirche ist das gut genug." Mich machen solche Sätze echt sauer! Ich kann es kaum glauben, dass Menschen so etwas denken oder sagen! Denn es sollte der Wunsch eines jeden sein, das Beste für Gott und seine Kirche zu geben. Nicht selten verbergen sich hinter solchen Sätzen eine falsche Einstellung zur Gemeinde und auch ein unangemessenes Gottesbild. Darum: Lasst uns immer wieder neu lernen, für Gott wirklich das Beste zu geben – mit der Zeit und den Möglichkeiten, die jeder hat.

Wenn man sich nun zu den Proben trifft, heißt das nicht, dass man erst dort das Lied zum ersten Mal spielt. Jeder sollte rechtzeitig die Liedabfolge vom Teamleiter erhalten haben. So kann jeder zu Hause das Lied üben und ist vorbereitet. Wenn dies nicht kommuniziert wird, ist es nicht allen klar. Denn der eine geht davon aus, dass in der gemeinsamen Probe das Lied zum ersten Mal geprobt wird. Und der andere denkt, dass alle schon die Songs auswendig können. So treffen unterschiedliche Ansichten aufeinander. Es spricht aber alles dafür, vorbereitet zu kommen und auf dieser Basis dann gemeinsam das Lied zu spielen.

Auch über andere Erwartungen und Vorstellungen sollte offen im Team gesprochen werden. Denn sonst kann bei unterschiedlichen und unausgesprochenen Erwartungen der

Frustpegel schnell stark ansteigen. Legt als Team gemeinsame Regeln für eure Zusammenarbeit fest (s. o. unter „Werte").

Das Üben jedes Einzelnen kann ganz unterschiedlich aussehen, da jeder unterschiedlich ist und anders arbeitet. Hilfreich ist es gerade im musikalischen Bereich, dass man nicht angespannt an das Proben und Arbeiten mit seinem Instrument herangeht. Je verbissener und angespannter man sich mit dem Instrument beschäftigt, desto kontraproduktiver wird es und man verliert die Motivation zum Üben. Üben ist notwendig und wichtig, um in seinen Fähigkeiten und Begabungen zu wachsen. Es geht eher um eine „aufmerksame Konzentration" beim Üben. Damit ist gemeint, dass man sich selbst beobachtet: Was mache ich gerade? Wie fühlt sich das an? Und: Wo bin ich vielleicht angespannt? Das aufmerksame Wahrnehmen des eigenen Körpers, des Spielens und sogar des eigenen Denkens, verhelfen dir zu einer optimalen Vorbereitung für eine gemeinsame Probe. Denn wenn ich z. B. immer denke, dass ein bestimmter Part eines Liedes für mich eine zu große Herausforderung ist und ich sowieso scheitern werde, wird das wahrscheinlich auch passieren. Ähnlich ist es, wenn man verbissen immer und immer wieder einen Part spielt und sich den Druck macht, endlich alles perfekt zu können. Einfach gesagt: Übe und sei dabei entspannt. Vertraue dir und deinen Fähigkeiten.

Tipp: Für deine eigene Probenzeit ist es hilfreich, sich vorher genau zu überlegen, was man üben möchte. Auch die Formulierung von eigenen Übungszielen kann einem dabei helfen. So kannst du effizienter arbeiten und verlierst dich nicht im Nebensächlichen.

Probeablauf

Für eine Probe ist es hilfreich, sich gewisse Strukturen anzueignen. Diese sollen helfen, die gemeinsame Zeit effektiv zu nutzen. Diese Abläufe sollen nicht starr und einengend sein, sondern eine Art Leitlinie bilden, um das gemeinsame Proben mit möglichst viel Spaß und Gelingen ablaufen zu lassen. Es ist für das gesamte Team wichtig, dass man dies kommuniziert. Kommunikation ist für eine optimale Zusammenarbeit enorm wichtig. Gib lieber zu viele als zu wenige Informationen weiter.

Für eine Probe und für die gesamte Band sollte klar sein, wie die Verantwortungsbereiche aufgeteilt sind und wer die Leitung hat (oder auch gerade nicht). Je nach Gemeindestruktur kann dies schon geklärt sein. Es ist hilfreich, diesen Punkt für alle verbindlich zu kommunizieren. Natürlich sollte man dabei das gesamte Team auch inhaltlich mitnehmen und einbinden. Dies ist umso wichtiger, je stärker es Änderungen in der Verantwortung der Leitung des Teams gibt.

Es gibt unterschiedliche Arten der Leitung einer Worshipband:

Basisdemokratische Leitung

Bei dieser Art der Leitung sind alle Musiker gleichberechtigt. Dies ist, wenn überhaupt, nur in kleinen Besetzungen möglich. Die Gefahr besteht, sich schnell in Detailfragen zu verzetteln. Hilfreicher wäre es, Verantwortungsbereiche innerhalb der Band zu verteilen. Vorteil einer klar durchgezogenen basisdemokratischen Leitung ist es, dass das gesamte Team sich als Band empfindet und engagiert. Für eine größere Band, aber oft auch wegen der Anforderungen an eine Worshipband in einer Kirche, ist diese Art in Reinform nicht zu empfehlen.

Bandleiter
Eine andere Möglichkeit ist die des Bandleiters. Dies kann z. B. ein musikalischer Leiter sein, der aber nicht als Hauptsänger in Erscheinung tritt. Wie z. B. bei einer Musical-Produktion, ist dies der musikalische Leiter, der verantwortlich für die Band ist. Dieser steht jedoch nicht im Mittelpunkt. Optimaler ist es aber, wenn dieser musikalische Leiter auch gleichzeitig der Lobpreisleiter ist. Diese Person leitet die Probe an und trifft bei Unklarheiten die letzte Entscheidung. Natürlich ist ein Zusammenspiel des gesamten Teams bei Entscheidungen hilfreich und unterstützend. Auch können verschiedene Bereiche innerhalb des Teams von anderen übernommen und so die Verantwortung geteilt werden. Dennoch trägt der Hauptleiter die letzte Verantwortung.

Diese Art der Leiterschaft ist für eine Worshipband ideal, denn dadurch kann ein gutes Miteinander gewährleistet werden.

Allgemeines zur Songprobe
Wenn ihr als Team genügend Musiker habt, um eine gesamte Band zusammenzustellen, empfiehlt es sich, die Songs möglichst nah am Original zu spielen. Die Coversongs können so einfacher vorbereitet, geprobt und gespielt werden. Besteht nur eine kleinere musikalische Besetzung, muss man natürlich die Songs dafür extra arrangieren.

Des Weiteren ist es empfehlenswert, die Musiker und die Sänger getrennt proben zu lassen. Wenn es einen mehrstimmigen Gesang gibt, können sich die Sänger so besser vorbereiten und es ermöglicht allen ein effizienteres Proben. Natürlich sollte aber bei den Musikern mindestens ein Sänger bei der Probe dabei sein.

Bandprobenstruktur

Es empfiehlt sich, den Probenablauf unterschiedlich zu gestalten. Da es gerade beim Lobpreis nicht nur um die reine Musik geht, sollten die Gemeinschaft und auch der geistliche Part einen Raum finden. Im Folgenden möchte ich dir verschiedene Möglichkeiten aufzeigen, die man natürlich für sich anpassen kann und sollte.

Proben-Variante 1

Bei dieser Probe kommen folgende Bereiche zum Zug: Spaß und Gemeinschaft, geistlicher Teil, Feedback, Vorbereitung für den nächsten Einsatz, Arbeiten am Bandsound.

- ***Spaß und Gemeinschaft:*** Jedes Mitglied des Teams sollte diesen ersten Teil der Probe einmal anleiten. Dieser Teil kann ganz unterschiedlich und individuell gestaltet werden. So kann der Verantwortliche für diesen Teil der Probe z. B. seine persönliche Geschichte erzählen, ein kurzes Spiel organisieren, einen Snack mitbringen usw. Es soll einfach Spaß machen, denn Zeit zum Lachen ist wichtig.
- ***Geistlicher Teil:*** Du bist Teil einer Worshipband. Nehmt euch gemeinsam Zeit, um mehr von Gott zu hören und Erfahrungen mit ihm zu machen. Entwickelt eine Gebetskultur. Auch hier sollte jeder aus dem Team einmal einen Input vorbereiten. Hilfreich ist es, über die geistlichen Themen zu sprechen, mit denen man sich sowieso gerade im Alltag beschäftigt (vielleicht aufgrund bestimmter persönlicher Umstände).
- ***Feedback:*** Achtet darauf, eine gesunde und ermutigende Feedbackkultur in der Band zu haben. Nehmt euch während der Probe Zeit, euch über den erlebten Sonntag

auszutauschen und zu „feedbacken". Eine Möglichkeit ist, dass jeder Musiker sich eine Person im Musik-Team/in der Band sucht, die ihm ein konstruktives Feedback pro Sonntag gibt. Denn wenn man ein Feedback erhält, kann man sich in seinen Gaben und Talenten weiterentwickeln.

- ***Vorbereitung auf den nächsten Einsatz:*** Jeder Teilnehmer der Band hat die neuen Songs vor der Probe angehört. Nun geht man gemeinsam das Leadsheet durch, um alle Fragen zu klären. So kann besprochen werden, wie ihr den Song interpretieren und die Instrumentierung festlegen wollt. Besprecht hier besonders auch die Übergänge zwischen den einzelnen Liedern.
- ***Bandsound weiterbringen:*** Diese Art der Probe ist dazu da, das Feedback umzusetzen. So kann man z. B. an Dynamik oder schnelleren Übergängen arbeiten und diese üben. Auch das Grooven (Klangteppich/ Backgroundsound), welches man am Sonntag z. B. als Hintergrund in Teilen des Gottesdienstes benötig, kann hier geprobt werden.

Probenvariante 2

Bei diesem Probenablauf liegt die Betonung auf dem Spielen der Songs und den Übergängen zwischen den einzelnen Liedern.

- ***Viel spielen:*** Startet gemeinsam mit einem bekannten Worshipsong, den ihr alle gut beherrscht. So klingt es gleich am Anfang sehr gut und ihr seid als Team motiviert. Probt anschließend die neuen Songs. Musiziert die Setliste durch und achtet auf den Bandsound.
- ***Übergänge üben:*** Die Übergänge zwischen den einzelnen

Liedern bei einer Lobpreiszeit sind sehr wichtig. Übt diese bis sie sitzen.[2]

Man kann diese zwei Varianten einer Probe je nach Bedarf abwechseln und so optimal zum Ziel kommen.

Es gibt natürlich weitere und ganz unterschiedliche Möglichkeiten, eine Probe zu gestalten. Man kann mit einem Essen beginnen, sich auf verschiedene Parts beschränken usw. Wichtig ist nur, dass es ausgewogen und effektiv ist. Wenn man viel Zeit mit „Nebensächlichem" verbringt, fehlt diese wiederum z. B. für das Üben des Zusammenspiels. Vergisst man bei der Probe völlig den Gemeinschaftsfaktor, wirkt sich dies später auch auf der Bühne aus. Habt als Team bei den Proben die Ausgewogenheit aller Bereiche im Blick. Wichtig ist es, dass die Probe klar geleitet wird.

Übergänge der Lieder

Ich möchte noch auf das Thema Übergänge zwischen den einzelnen Songs im Rahmen eines Lobpreis-Blocks eingehen: Die Songs sind eingeübt und die Band fühlt sich sicher, diese gut zu spielen. Jetzt darf man, wie schon erwähnt, die Übergänge nicht außer Acht lassen.

Wenn man die einzelnen Lieder spielt, hören sie logischerweise irgendwann auf. Und dann? Geht man geplant oder ungeplant in diese „Pause" hinein? Viele konzentrieren sich stark auf die einzelnen Lieder, legen jedoch zu wenig Wert auf die „Räume" dazwischen. Diese sind aber sehr wichtig. Heute ist es normal, dass bei einem Film, einer Live-Performance, einer Veranstaltung und auch einem Gottesdienst, alles „im Fluss" ist. Es sollen keine Unterbrechungen oder ungewollte Pausen entstehen. Damit ist natürlich nicht gemeint, von einem Element oder Song zum anderen zu hetzen, sondern diese Momente dazwischen bewusst zu füllen und zu nutzen. Stell dir einmal vor, du würdest einen Film sehen und nach jedem Ortswechsel folgte eine Unterbrechung von 10 Sekunden. Einfach so. Zum einem würde es dich mit der Zeit nerven, und zum anderen reißt dies den Film und die erzählte Geschichte völlig auseinander. Es kostet mehr Konzentration, dabei bleiben zu können und den Faden nicht zu verlieren.

Auch wenn dies vielleicht ein wenig weit hergeholt klingt: Für einen Worshipteil gilt dasselbe. Man bezweckt mit dieser gesamten Zeit etwas. Als Lobpreisleiter und Band wünscht ihr euch, dass die Menschen im Gottesdienst Gott anbeten und ihr gemeinsam für ihn Lieder singt: als Dank, als Aufruf, als Gebet usw. Wenn es nun in diesem Rahmen immer wieder Unterbrechungen gibt, kostet es das Publikum einfach viel mehr Konzentration, wenn es sich nicht ablenken lassen und dem Inhalt folgen will. Gerade weil auch die Musik nicht nur den Verstand, sondern auch die Gefühle und das Herz anrühren kann, sollte man für einen guten Übergang sorgen. Dieser kann unterschiedlich gestaltet sein, sollte aber geplant werden, um Ablenkungen zu vermeiden. Für mögliche Übergänge einige Beispiele:

- Das Lied hört mit einem „Bröselschluss“ auf. Der letzte Akkord wird gehalten, die Melodiestimme macht evtl. darüber noch ein paar Läufe und das Schlagzeug macht ordentlich Radau auf Becken und Toms, bis ein Schlag das Finale beendet. Hat das Schlagzeug den letzten Schlag getan und das Publikum klatscht noch, zählt der Drummer sofort das nächste Lied an. So entsteht ein glatter und dynamischer Übergang.

- Wenn ein Lied ruhig endet, kann der letzte Akkord z. B. vom E-Piano gehalten werden. Danach beginnt das nächste Lied in derselben Tonart und vielleicht setzt zuerst die A-Gitarre auf dem Akkord ein.
- Das Lied wird beendet und man spricht eine Überleitung oder ein Gebet und nutzt ganz bewusst die musikalische Pause.

Es gibt viele Möglichkeiten und Ideen, wie man glatte und gute Übergänge zwischen zwei Liedern bewerkstelligen kann. Überlegt und plant diese bei eurer Probe. Dafür ist es notwendig, die Liedreihenfolge und die Tonart zu beachten. Gibt es zu viele dynamische Wechsel, wird das Ganze schnell zu einer Achterbahnfahrt. Wenn die Möglichkeit besteht, eine gleiche Tonart zu nutzen, sollte man dies auch tun.

> *Tipp*: Findet für die Übergänge und die Arten, wie ein Liedende gestaltet wird, feste Begriffe. So ist für jeden Musiker in der Band schneller klar, in welche Richtung der Übergang oder das Ende arrangiert werden soll. Beispiele: Bröselschluss, Hard Cut, Tonartwechsel über Stufe X usw.

Die nächsten Schritte

Komme vorbereitet in die gemeinsame Probe.

- Was heißt für euch als Team „vorbereitet“?
- Welche Informationen und Materialien benötigt jeder vorab, um vorbereitet zu sein?
- Wie kann jeder diese Informationen rechtzeitig erhalten?

Kommuniziere die Erwartungen an die gemeinsame Probe.

- Welche Erwartungen habt ihr als Team für eure Probe?

Kläre die Leitung der Band.

- Wer ist für was verantwortlich?
- Was empfindet ihr, wenn es einen Leiter und Verantwortungsbereiche gibt?

Entwickel einen Probenablauf.

- Wie sieht für euch eine ideale Probe aus?
- Wann und wo sollte sie beginnen?
- Wie viele Freiheiten möchtet ihr euch als Team in den Strukturen nehmen?

Achte dabei auf eine Ausgewogenheit.

- Was heißt es für euch, eine ausgewogene Probe zu haben?

Beachte die Übergänge und benutze sie bewusst.

- Wie sehen bis jetzt eure Übergänge aus?
- Was könnt ihr bei den Übergängen verbessern?
- Welche Möglichkeiten möchtet ihr als nächstes ausprobieren?
- Wie kommen diese Übergänge bei den Gottesdienstbesuchern an?

Für den Tag des Gottesdienstes

Tag vor dem Gottesdienst

Für den Tag des Auftritts beim Gottesdienst sollte man gut vorbereitet sein. Damit ist nicht nur die musikalische und thematische Vorbereitung gemeint, sondern auch die körperliche. Die meisten Gottesdienste finden am Vormittag statt. Es kann sein, dass dazu ein zweiter oder dritter Gottesdienst am Nachmittag oder Abend folgt. So steht man schon am Vormittag auf einer Bühne und performt verschiedene Songs. Wenn man zu diesem Zeitpunkt nicht körperlich fit ist, kann es sehr schnell, sehr schwierig werden. Das bedeutet, dass man sich spätestens am Vortag Gedanken machen sollte, was am nächsten Tag auf einen zukommt. Das betrifft einerseits die gedankliche Vorbereitung, indem man sich innerlich darauf einstellt, aber auch die physische Vorbereitung, indem man dafür sorgt, dass der Körper genügend Schlaf bekommt. Empfehlenswert ist, am Samstagabend nicht zu spät ins Bett zu gehen. Denn nach langem Feiern am Abend, kann man weniger fit und ausgeruht am nächsten Tag auf der Bühne stehen und die Menschen anleiten. Sicher sehen der Schlafbedarf und auch diese Art der Vorbereitung bei jedem anders aus, jedoch muss man diesen Aspekt bedenken. Sänger werden nach einer langen Nacht am nächsten Morgen Schwierigkeiten mit ihrer Stimme bekommen. Sei es, dass sie noch belegt ist, die hohen Töne nicht möglich sind oder ähnliches.

Auch wenn in diesem Buch nicht sehr ausführlich auf den geistlichen Aspekt eingegangen wird, ist auch die geistliche Vorbereitung wichtig. Ich möchte dir das ans Herz legen, diesen Bereich nie aus den Augen zu verlieren. Es ist meine Überzeugung, dass man als Christ „ganzheitlich" leben sollte.

Wenn man auf der Bühne steht, sollte man sich nicht verstellen oder den „Super-Christ“ markieren, indem man viele fromme Worte benutzt, weil man denkt, dass das sich so gehört. Die Frage ist doch, wie man seinen Alltag mit Gott gestaltet und dass man ihn in alle Bereiche seines Lebens mit hineinnimmt. Wenn man sich am Abend vor dem Gottesdienst noch ganz entspannt einen „Mord-und-Totschlag-Slasher-Movie“ reinzieht, frage ich mich, wie geisterfüllt man am nächsten Tag den Worship anleiten kann. Das finde ich persönlich übrigens auch an jedem Tag der Woche hinterfragenswert, nicht nur am Vorabend des Gottesdienstes. Ich möchte da nicht gesetzlich werden oder ein schlechtes Gewissen produzieren. Aber ich finde ich es richtig, einmal zu reflektieren, womit ich im Alltag meine „Seele füttere“ und von was ich sie beeinflussen lasse. Dies ist nur ein Beispiel für den Alltag. Nutze die Zeit am Vorabend bewusst, um dich auf den Dienst am nächsten Tag einzustellen. Sei es nun, dass man früh Schlafen geht, am Abend noch eine tolle Gemeinschaft mit ein paar Freunden hat u. v. m.

Ablauf am Sonntag

Für den Tag des Gottesdienstes ist es ratsam, einen festen Zeitablauf zu initiieren. Wenn es für den Aufbau, Soundcheck, die Absprachen usw. klar definierte Zeiten gibt, kann der Vorlauf vor dem eigentlichen Gottesdienst oft verkürzt und vor allem effektiv gestaltet werden. Plane dies mit den jeweiligen Verantwortlichen und sorge dafür, dass alle Beteiligten einen Zeitablaufplan erhalten und sich daran orientieren können.

Es ist erforderlich, dass auch ein Soundcheck mit einem Techniker durchgeführt wird. Diese Soundcheckzeit gehört dem Tontechniker. Es ist keine Probezeit der Band. Je konzentrierter und aufmerksamer man in der Zeit mit dem Techniker zusammenarbeitet, desto schneller kann dieser zu einem guten Ergebnis kommen.

Leider habe ich das schon öfter erlebt, dass es zwischen Band und Techniker gewisse Spannungen gibt. Es herrscht von beiden Seiten eher ein Gegeneinander, anstatt ein Miteinander. Die Band hat kein Empfinden dafür, was es braucht, einen guten Sound für das Publikum zu mischen. Die Gitarre ist für den Musiker auf den Monitoren immer zu leise, der Sänger hört sich nicht, das Schlagzeug übertönt wieder alles usw. Oft fehlt das technische und auch künstlerische Verständnis für die Tontechniker von Seiten der Worshipband. Auf der anderen Seite verstehen die Techniker die kreativen Leute vorne auf der Bühne nicht. Die wollen dies, wollen das und haben keine Ahnung, was das für den Techniker bedeuten würde. Aber das Schöne ist ja: Als Techniker sitzt man am längeren Hebel (denkt der Techniker). Ich habe schon diverse Geschichten gehört und selbst miterlebt: Bei einem Soundcheck gab es mit einem Sänger ein paar Schwierigkeiten. Dieser hörte sich nicht laut genug und fand, dass seine Stimme auf dem Monitor nicht gut klang. Der Tontechniker sagte dazu schlicht und einfach: „Deine Stimme klingt eben einfach Scheiße. Da kann man nichts machen.“ Von einer anderen Kirche habe ich mitbekommen, dass der Soundcheck derart eskalierte, dass der Techniker aufgab und wütend und enttäuscht den Saal verließ.

Doch dieses ganze Hin und Her ist völlig deplatziert. Sorge als Einzelner und als Leiter dafür, dass zwischen Musikern und Technikern ein Miteinander entsteht. Ihr arbeitet gemeinsam an einem Ziel: einen Gottesdienst zu gestalten, wo Menschen Gott finden und ihn anbeten. Hilfreich können gemeinsame Treffen sein (Essen, Fun-Aktionen u. ä.). Es sollte ein Bewusstsein füreinander, sowie Achtung und Respekt vor der Arbeit des anderen vorhanden sein. Man ist voneinander abhängig. Habe als Musiker Verständnis und Wertschätzung für die Tontechnik. Denn ist alles super abgemischt, wird gesagt: „Tolle Band!“. Gibt es aber Störungen, Fehler, Rückkopplungen usw., hört man eher: „Was für schlechte Tontechniker!“ – selbst wenn die Schuld vielleicht nicht bei ihnen liegt, sondern bei den Akteuren auf der Bühne. Aufmerksamkeit bekommt die Technik meist nur dann, wenn sie Fehler macht. Das sollte dir als Musiker bewusst sein. Unterstütze die Tontechnik durch deinen Dank und deine positive Haltung ihnen gegenüber.

Vielleicht ist in deiner Kirche die Zusammenarbeit nicht so schlimm, wie von mir beschrieben. Aber denke daran: Ihr braucht einander, um euren wertvollen Dienst zu tun.

Wenn ihr am Sonntag noch Zeit für euch als Band benötigt, dann plant diese unabhängig vom Soundcheck mit ein. Seid dabei diszipliniert und haltet euch an Absprachen. Wichtig wäre es, dass der ganze vor-gottesdienstliche Ablauf entspannt ablaufen kann. Achtet darauf, denn es bringt niemandem etwas, wenn man später gehetzt auf der Bühne steht. Nehmt euch auch die Zeit, gemeinsam einen Kaffee zu trinken, euch als Team(s) zusammen noch zu unterhalten und evtl. auszutauschen. So könnt ihr euch vor dem Gottesdienst z. B. gegenseitig ermutigen, gemeinsam ein Gebet sprechen, zur Ruhe kommen usw.

Tipp: Sprecht euch gerade beim Soundcheck mit Namen an. Anstatt: „Kann noch mal die Gitarre etwas spielen...“ – „Machst du den Sound lauter...“. Dies kann für euer Miteinander förderlich sein.

Die nächsten Schritte

Sei musikalisch, inhaltlich, körperlich und auch geistlich vorbereitet. Auf deine Art und Weise.

- Was heißt das für jeden Bereich konkret? Was macht deine Art und Weise aus?
- Fühlst du dich dadurch eingeengt und überfordert oder motiviert?

Plant als Team die Zeit vor dem Gottesdienst.

- Wann wollt ihr euch genau diese Zeit nehmen?
- Ist dieser Zeitpunkt für jeden verbindlich?
- Wie möchtet ihr diese Zeit füllen?
- Welche Erfahrungen macht ihr damit?
- Wie kann man dies variieren?

Achte auf ein gutes Miteinander der Technik und eures Musik-Teams.

- Wie sieht die momentane Zusammenarbeit mit den Technikern aus?
- Was empfindet ihr als störend, hinderlich oder auch positiv?
- Wie könnt ihr die Zusammenarbeit verbessern und fördern?
- Welche Schritte möchtet ihr konkret dafür unternehmen?

5

GRUNDSÄTZLICHES ZUM AUFTRITT

Grundsätzliches zum Auftritt

Allgemeines

Dieses Kapitel behandelt Grundsätzliches zum Thema Verhalten der Sänger und Musiker auf einer Bühne. Auf Basis der verschiedenen „Regeln der Bühne“ und den im Folgenden erwähnten Punkten, kann man später an die Ausarbeitung für eine Liedinterpretation gehen (Kapitel 6).

Vieles mag einem am Anfang sehr ungewohnt vorkommen. Es ist wie beim Autofahren lernen: Zunächst muss man viel über das richtige Verhalten und die richtigen „Handgriffe“ nachdenken und sich stark darauf konzentrieren. Denn unzählige Abläufe müssen sich erst einspielen, weshalb es sich zunächst ungewohnt, ja manchmal regelrecht komisch anfühlt. Je länger man jedoch Auto fährt, desto unbewusster setzt man das Erlernte um. Mit der Zeit wird das Ungewohnte zur Gewohnheit, wird natürlich, und bringt einem selbst Sicherheit. Auch das Verhalten auf der Bühne wird sich mit der Zeit auf eine ganz natürliche Weise einspielen, was die Kommunikation von der Bühne verstärkt und die eigene Art unterstützt.

Wie sehe ich aus?

Körper

Du stehst mit deinem Körper auf der Bühne – logisch. Und genau aus diesem Grund wollen wir uns auch damit befassen.

Es gibt eine wichtige Bühnenregel: *Das was ich über mich glaube, das wird mein Publikum über mich denken!* Das trifft auch auf den Körper zu. Jeder weiß: Schönheit liegt immer im Auge des Betrachters! Denn wichtiger als mein Aussehen ist, wie ich mich selbst sehe, welches Bild ich von mir habe. Denn mein Körper ist der Handschuh meiner Seele! Fühle ich mich zum Beispiel k.o. und abgeschlafft, wird man mir dies auch körperlich ansehen. Fühle ich mich in meinem Körper nicht wohl, spürt das Publikum das. Genauso aber gilt: Fühle ich mich in meiner Haut wohl, erkennt man dies an meinem Umgang mit dem eigenen Körper.

Grundsätzlich sollte man wissen, dass unser Körper uns „anlügt". Das heißt, ich selbst nehme meine Körperhaltung anders wahr als Außenstehende. Das ist mit dem Phänomen vergleichbar, dass man eine Aufnahme der eigenen Stimme kaum wiedererkennt. Die eigene Stimme hört sich für einen selbst beim Reden oder Singen anders an als für das Umfeld. Wenn man also das Gefühl hat, man stehe aufrecht, muss das noch nicht der Wahrheit entsprechen. Jeder gewöhnt sich im Laufe der Zeit verschiedene Körperbewegungen und Haltungen an. Das kann eine krumme Haltung sein, ein Verstecken bestimmter Körperregionen und vieles mehr. Manche Menschen nehmen sich, wenn sie auf einer Bühne stehen, räumlich zurück und verschränken beim Stehen die Beine. Hinzu kommen dann eventuell noch verschränkte Arme vor dem Körper. Dies ist ein Zeichen dafür, dass man sich auf der Bühne schützen will. Wenn man sich dessen aber bewusst ist, kann man gezielt an der Einstellung und an der Körperhaltung arbeiten.

Übung: Körperwahrnehmung

Bewege dich allein in einem Zimmer mit Musik. Bewege dich so, wie du es noch nie getan hast. Wenn du dies einmal pro Woche übst, wirst du deinen Körper viel bewusster wahrnehmen und damit agieren können. Du kannst somit eigene

Grenzen erweitern und dein Körpergefühl verbessern. Hilfreich ist auch das ehrliche Feedback über eine Bühnenauftritt von guten Freunden. Lass dich von außen reflektieren und arbeite an deinem Körpergefühl.

Kleidung

Zum Aussehen eines Akteurs auf der Bühne gehört neben der Körperhaltung natürlich auch die Kleidung, Frisur und auch das Schminken. Je nach Veranstaltung sollte man sich angemessen kleiden und auf das Erscheinungsbild achten.

Für die Kleidung ein paar grundlegende Tipps:

- Die Personen auf der Bühne sollten immer etwas besser angezogen sein als das Publikum.
- Die Kleidung sollte zielgruppenorientiert ausgewählt werden.
- Die Kleidung sollte zu einem selbst passen und damit authentisch wirken. Man darf sich auch gerne von anderen beraten lassen.
- Schwarz/weiß sollte man auf Grund der Abhebung vom Bühnenhintergrund und insbesondere bei Videoaufzeichnungen vermeiden.
- Keine ablenkenden Stoffe oder Sprüche auf den Oberteilen. Ausnahme: Es passt explizit zum Thema der Veranstaltung.

Wie bei allen Veranstaltungen kann die Kleidung unpassend oder stark ablenkend wirken (Das wäre z. B. der Fall, wenn bei einem Gala-Abend ein Sänger im T-Shirt erscheint). Aus diesem Grund ein paar Anregungen für die Kleidung von

Frauen und Männern, die im Gottesdienst auf der Bühne stehen. Diese Vorgaben haben sich bewährt, sollten aber individuell betrachtet und ggf. angepasst werden. Sie dienen als Anregung und Hilfestellung. Genau wie bei jedem großen Event, bei bestimmten Veranstaltungen oder auch in Firmen, kann es in Bezug auf die Kleidung und die äußere Erscheinung gewisse Normen geben, die den eigenen Werten entsprechen (z. B. dürfen sich die Angestellten in Disneyparks nur sehr dezent schminken).

Was tragen Männer im Gottesdienst auf der Bühne?
Für Männer gibt es bezüglich ihrer Kleidung einige Punkte zu beachten. Die o. g. allgemeinen Tipps sind obligatorisch. Hinzu noch ein paar weitere praktische Anregungen:

- Als Mann sollten lange Hosen und geschlossene Schuhe selbstverständlich sein.
- Keine Muskel-Shirts.
- Keine Baseball-Mütze oder ähnliches. Dadurch werden zu stark die Augen verdeckt.
- Die gesamte Kleidung sollte ordentlich und gebügelt sein (gerade Hemden/Shirts/etc.).

Was tragen Frauen im Gottesdienst auf der Bühne?
Weder besonders vorteilhafte, noch unvorteilhafte Körperstellen sollten zur Schau gestellt werden. Man kann sich geschmackvoll und zeitgemäß kleiden, ohne zu viel „zur Schau zu stellen" – und das unabhängig von Größe, Figur und Style. Hier ein paar Grundregeln:

- Die Rock-/Kleiderlänge sollte mindestens bis zum Knie

oder länger sein (auch mit Leggins darunter). Der Grund dafür ist u. a. dass die Bühne höher ist als die Besucherplätze oder bestimmte Beiträge auf einem Barhocker sitzend stattfinden.

- Es sollte immer ein BH getragen werden.
- Der BH sollte durch das Shirt nicht sichtbar sein.
- Brustansatz sollte nicht sichtbar sein (kein tiefer Ausschnitt).
- Nicht bauchfrei – auch nicht bei erhobenen Armen!
- Die Jeans sollte nicht so eng sitzen, dass sie den Schritt abzeichnet.
- Der String sollte nicht zu sehen sein (auch nicht beim Herunterbeugen).
- Die Oberteile sollten nicht rückenfrei sein.
- Beachte: Aufgrund starker Beleuchtung zeichnet sich bei dünnem oder hellem Material oft vieles ungewollt ab.

Die Kleidung sollte dazu beitragen, dass sich andere Frauen im Publikum bei dem Anblick inspiriert und angesprochen fühlen. Man sollte das Publikum mit Ausstrahlung abholen, aber ihm keinen Grund zur Ablenkung bieten. Zum Beispiel könnte ein Minirock die Aufmerksamkeit stark auf sich lenken, sodass der Inhalt, das Thema des Gottesdienstes und der Lobpreis zweitrangig werden.

Das Outfit auf der Bühne sollte immer bewusst gewählt sein. Denn auch dadurch wird dem Publikum etwas kommuniziert. Wichtig bei allen Überlegungen zur Kleidung für Künstler auf der Bühne: Bleibe authentisch! Und doch kann man sich auch bei unterschiedlichen Kleidungsstilen „etwas besser“ anziehen, ohne sich gleich „zu verkleiden“.

Tipp: Probiere einmal verschiedene Stylings aus und lasse dich fotografieren. Idealerweise auf einer Bühne. Wie passt das zu dir und deinem Auftritt? Unterstreicht es das Gesamtbild? Wie sieht die Band als Ganzes aus?

Hilfreich ist es, Wechselkleidung dabei zu haben. Es kann immer mal passieren, dass man sich kurz vorher noch mit Kaffee bekleckert. Auch wegen eventuellen Schwitzens – sei es wegen der Wärme im Raum oder wegen der Anspannung – ist es optimal, frische Oberbekleidung dabei zu haben. Von Vorteil ist auch, erst kurz vor dem Auftritt die gewählte Kleidung anzuziehen.

Schminken

Je nach Bühne und Ausleuchtung, sollte auf ein Make-up/ Puder geachtet werden. Dies gilt für Frauen UND für Männer! Denn das Ziel ist, nicht abzulenken und natürlich auszusehen. Aufgrund der Beleuchtung kann es ungeschminkt schnell zu einem glänzenden oder fahlen Gesicht kommen. Dagegen hilft schon ein wenig Puder.

Frauen sollten dazu auf zu dunkel geschminkte Augen verzichten. Je nach Ausleuchtung der Bühne können nämlich besonders die Augen schon etwas dunkler wirken. Durch ein dunkles Make-up wird dies auf der Bühne auf eine ungute Weise verstärkt.

Ein zu starkes Make-up kann auch kontraproduktiv sein. Es kann maskenhaft wirken oder aber den Anschein geben, dass sich der Akteur auf der Bühne dahinter verstecken möchte. Grundsätzlich sollte man das Schminken der Ausleuchtung und Bühnengröße anpassen. Hilfreich kann die aufmerksame Beobachtung anderer und vor allem die Hilfestellung von Profis sein (Visagisten, etc.).

Frisur

Es ist selbstverständlich, dass die Haare gepflegt, gut geschnitten und gestylt sind. Bei Langhaarfrisuren ist zu beachten, dass die Haare nicht im Gesicht hängen oder es verdecken. Hängt z. B. der Pony im Gesicht, wird oft der Kopf zur Seite geworfen, um die Haare aus dem Gesicht zu bekommen – doch das wirkt störend.

Auch hier gilt: Habe deinen eigenen Stil! Aber sei darin gepflegt und drücke auch mit deiner Frisur Achtung und Wertschätzung dem Publikum gegenüber aus.

Durch die passende Kleidung und eine gepflegte Frisur wird ein rundes Gesamtbild des Akteurs auf der Bühne sichergestellt. Dinge, die ablenken könnten, werden so vermieden.

Die nächsten Schritte

Beachte deine Einstellung zu deinem Körper.

- Wie ist deine Einstellung zu deinem Körper?
- Fühlst du dich in und mit deinem Körper wohl?

Arbeite an deinem Körpergefühl.

- Wie könntest du an deinem Körpergefühl konkret arbeiten?
- Welche Auswirkung könnte ein besseres Körpergefühl für dich haben?
- Wähle die richtige Kleidung.

- Welche Kleidung empfindet ihr als „richtig“ auf der Bühne?
- Wie sieht die Gemeindeleitung das Thema Kleidung auf der Bühne?
- Was sagt ihr mit eurer Kleidung aus?

Benutze Puder/Make-up, um natürlich auf der Bühne auszusehen.

- Wie wirken die Gesichter auf der Bühne im Scheinwerferlicht?
- Wie wirkt auf euch die Vorstellung, dass ihr für einen Gottesdienst „geschminkt“ werdet?

Habe eine gepflegte Frisur.

Wie gehe ich?

Die Frage, wie man auf einer Bühne geht, erscheint zunächst überflüssig. Man geht, wie man immer geht, oder? Jedoch gibt es ein paar Punkte zu beachten. Vieles wird vom Publikum nicht bewusst wahrgenommen, doch jede Körperbewegung im Scheinwerferlicht wird sehr genau beobachtet. Darum ist es gut und richtig, sich über seine Körperbewegungen im Klaren zu sein. Unterstreichen diese den Inhalt, den ich wiedergeben möchte oder ist es eher kontraproduktiv?

Deine Aufgabe als Lobpreisleiter muss sich auch im Gang widerspiegeln. Wenn man eher auf die Bühne schleicht, zeigt dies Unsicherheit, keine klare Linie und bewirkt auch Unsicherheit im Publikum. Das Gleiche gilt für die gesamte Band. Denn jeder, der auf der Bühne steht, leitet das Publikum und somit den Gottesdienst mit an. Dies muss man sich bewusst machen.

Der Auf- und Abgang

Wenn man als Band während des Gottesdienstes auf die Bühne geht, kann es vorkommen, dass sich vielleicht fünf, sieben oder sogar zehn Personen auf einmal auf der Bühne bewegen. Wenn das irgendwie passiert, lenkt es meistens auch irgendwie stark ab. Je nach Bühne und den Aufbauten der Instrumente, wird der Auftritt unterschiedlich aussehen. Man muss überlegen, welche der folgenden Möglichkeiten aufgrund der Gegebenheiten ideal sind. Das Ziel ist es immer, das Publikum nicht durch unnötige Wege auf der Bühne abzulenken.

Gehe immer den kürzesten Weg

Als Band solltet ihr idealerweise zusammen im Publikum oder an der Seite sitzen. Sitzt nicht verteilt unter den Zuschauern, denn sonst gibt es eine Unruhe im gesamten Saal, wenn ein Auftritt kurz bevorsteht. Wenn man z. B. von der Seite auftritt, sollte jeder Musiker den kürzesten Weg wählen (von links oder rechts).

Geht in der richtigen Reihenfolge auf die Bühne

Die gesamte Band sitzt am besten schon so, wie ihre Instrumente auf der Bühne stehen. Gehen sie dann gemeinsam von einer Seite auf die Bühne, geht der Erste bis zum hintersten Instrument durch. So entsteht ein harmonischer Aufgang. Das gleiche gilt beim Abgang von der Bühne in umgekehrter Reihenfolge.

Kreuze mit Niemandem den Weg auf der Bühne
Wenn die verschiedenen Musiker auf die Bühne gehen, sollte man nicht aneinander vorbeigehen, den Weg des anderen kreuzen oder sogar vor einem Akteur, der gerade spricht, entlanggehen. Tritt nie vor die Person, die gerade auf der Bühne spricht oder singt. Wenn man z. B. beim Abgang der Musiker aufgrund der Reihenfolge kurz warten muss, bis z. B. die Gitarre richtig abgestellt worden ist, sollte der andere Musiker an seinem Platz kurz stehen bleiben und erst dann gehen, wenn der Bandkollege soweit ist.

Betritt der Lobpreisleiter die Bühne und ist der Moderator gerade fertig, geht der Moderator hinter dem nächsten Leiter ab (oder natürlich zur anderen Seite der Bühne, wenn dies möglich ist). Der als nächstes leitende Hauptakteur geht vor dem abgehenden Leiter auf.

Nutze die Tiefe der Bühne
Nutze die gesamte Bühne aus. Vielleicht kommt es einem so vor, als ob man weit vom Publikum weg ist, aber die Tiefe der Bühne wirkt auf das Publikum anders. Stehst du zu lang zu weit vorne, kann das vom Zuschauer als zu nah empfunden werden. Genau wie bei zwischenmenschlichen Beziehungen, gilt es, bestimmte Abstände und Zwischenräume zu wahren. Grundsätzlich kann man bzgl. der Körperbewegungen auf der Bühne sagen, dass es sich auf der Bühne ähnlich verhält wie zwischen zwei Personen: Bei einer Begrüßung geht man einen Schritt aufeinander zu. Ebenso bei einem Publikum. Eine aufrechte Haltung dem Gegenüber zeigt u. a. Respekt, Aufrichtigkeit und Präsenz. Dazu gehört es auch, dass man dem Publikum nie den Rücken zuwendet, da dies als unhöflich und als Ablehnung gedeutet werden könnte.

Gehen und bewegen bei den Liedern

Wenn ein Lied gespielt wird, kann der Sänger und zum Teil auch die Band die gesamte Bühne nutzen. Alles, was das Lied und den gesamten Lobpreis unterstützt, kann man verwenden: Umhergehen, Springen, Tanzen u. v. m. Was beim Auf- und Abgang zu beachten ist, gilt hier nur noch zum Teil. Wichtig ist immer, dass die Band nicht dem Leadsänger „die Show“ stiehlt und somit ablenkt. Dies kann durch viele Bewegungen auf der Bühne passieren. Das gleiche gilt bei Backgroundsängern, die sich stärker als der Leadsänger bewegen. Achtet aufeinander und gebt dem Leiter des Liedes den nötigen Raum auf der Bühne. Auch sollte niemand vor dem Leadsänger gehen, immer nur hinter ihm. (Siehe auch Kapitel 6 „Liedinterpretation“.)

Die nächsten Schritte

Deine Kommunikation beginnt mit dem ersten Schritt auf die Bühne.

- Was wird kommuniziert?
- Wenn ihr euch dabei beobachtet: Wie wirken die Wege auf euch?

Gehe den kürzesten Weg.

- Inwieweit ist dies bei eurer Bühne möglich?
- Wie wirken diese geraden Wege auf euch und die Zuschauer?

Wende dem Publikum nicht den Rücken zu (wenn möglich auch nicht beim Auf-/Abgang).

- Was könnte beim Publikum ankommen, wenn ihm der Rücken zugewandt wird?
- Ist eine direkte Zuwendung auf der Bühne immer möglich?

Habt als Band einen guten Auf- und Abgang von der Bühne.

- Wie könnt ihr konkret auf- und abgehen?
- Wie und wann wollt ihr dies probieren oder umsetzen?

Tritt nie vor einen Hauptakteur.

- Passiert dies bei euch?

Wie stehe ich?

Wenn du als Sänger oder Musiker auf der Bühne stehst, gehört dir die Aufmerksamkeit. Jeder erwartet, dass du etwas von der Bühne kommunizierst. Das tust du nicht nur mit Worten oder Tönen, sondern auch mit deinem Körper. Deine Einstellung und Motivation wird zumindest teilweise nach außen hin erkennbar. Man sollte aber auch bewusst mit dem eigenen Körper den Inhalt unterstreichen. Genau wie beim Gehen sollte die Körperhaltung klar sein.

Man kann wie ein Mehlsack rumstehen oder aber eine gute Präsenz auf der Bühne haben. Diese Präsenz erreicht man unter anderem mit der Haltung, der Mimik, dem Augenkontakt, der Körperspannung und der Art des Stehens. Man kommuniziert mit der gesamten Körperhaltung. Wenn du auf der Bühne stehst, leitest du. Egal, ob du der Lobpreisleiter bist oder „nur" ein Instrument spielst. Durch deine Bewegungen und dein Verhalten lenkst du automatisch die Blicke des Publikums auf dich. Dass du leitest, sollte sich an deinem Stand auf der Bühne erkennen lassen – nicht durch Arroganz und Wichtigtuerei, sondern durch Präsenz und Energie im Körper.

Schritte dorthin sind folgende:

- Versuche dich einmal wie eine Marionette imaginär an den Haaren hochzuziehen. Man reckt sich automisch hoch. Das ist normalerweise eine angenehme und aufrechte Haltung.
- Drücke die Brust leicht heraus.
- Nehme die Schultern leicht nach hinten.
- Zeige deine Hände und verstecke sie nicht.
- Mache beim Sprechen angenehme Armbewegungen. Habe Mut zur „Theatralik": Je nach Bühnen- und Publikumsgröße, können deine Bewegungen ruhig etwas ausladender ausfallen, sollten aber nicht unnatürlich wirken.
- Habe ein gutes Maß und sei in Gestik und Mimik natürlich.
- Habe einen festen Stand. Wippe nicht auf den Fußballen hin und her. Je fester du stehst, umso klarer ist deine Aussage. Je mehr du zappelst, desto eher haben die Zuschauer das Gefühl, dass du eigentlich schnell von der Bühne weg möchtest. Dies gilt vor allem beim Sprechen und bei ruhigen Songs, weniger jedoch bei dynamischen Liedern, da man sich dabei meist stark bewegt.

Durch eine klare und aufrechte Haltung nehmen dich die Leute auch klar und aufrecht wahr. Dein sicherer Stand und deine Bewegungen sollen deine Worte und dein Musizieren unterstreichen. Lass dir gerade für diesen Bereich von Freunden ein Feedback geben. Nutze dazu auch eine Videoaufnahme, bei der du auf der Bühne stehst und agierst.

Die Körpersprache erzählt oft Bände über deine innere Haltung und deine Einstellung. Mach dir also deine Haltung und Einstellung genau bewusst.

Wenn du ein Bandmitglied bist, solltest du die Notwendigkeit deiner Präsenz auf der Bühne genauso beachten wie der Lobpreisleiter. Durch deine aktive Haltung unterstützt du den Leadsänger und bist parat. Wie bei einem Läufer, der am Startblock auf den Beginn des Rennens wartet, sollte jeder Akteur auf der Bühne bereit sein, ob nun gerade gespielt wird oder nicht.

Den Raum einnehmen

Steht man auf einer Bühne, spricht man auch vom „Raum-Einnehmen". Jeden Menschen umgibt ein persönlicher „Raum". Kommen Personen auf uns zu, betreten sie diesen Raum. Das merken wir besonders in Momenten, wo fremde Personen vielleicht zu schnell in diesen Raum eintreten: Dann sprechen wir davon, dass ein Mensch uns „zu nahe tritt" oder unseren persönlichen Raum vielleicht sogar „verletzt".

Auch auf der Bühne kannst du bewusst „Raum einnehmen". Damit ist gemeint, dass du die Bühne – und wenn möglich den gesamte Publikumsraum – als deinen Bereich betrachtest, für den du in dieser Zeit die Verantwortung trägst. Dadurch bekommst du eine größere Bühnenpräsenz und kannst die Zuschauer besser anleiten.

Auch das Gegenteil kann passieren: Du nimmst kaum oder zu wenig Raum ein. Wenn du z. B. als Sänger deinen „Raum“ auf einen 1-Meter-Radius beschränkst und dein Umfeld und das Publikum kaum beachtest, wirst du dich automatisch kaum bewegen. Dementsprechend gering fällt dann allerdings auch deine Kommunikation mit dem Publikum aus. Beachte also, dass du als Sänger und Akteur auf der Bühne einen möglichst großen Raum für dich ergreifst und in diesem agierst.

Im Zusammenspiel mit einer Band bedeutet es, dass der Leiter/Hauptsänger sozusagen den „größten Raum“ einnehmen sollte. Dies merkt man meist später bei der Performance und den Bewegungen auf der Bühne zu einem Lied, wenn die gesamte Band auf der Bühne agiert.

Auf der Bühne stehen und die Hände zeigen

Oft stellt sich die Frage, was man beim Stehen auf der Bühne mit den Händen und den Armen machen soll. Wichtig ist vor allem, dass alle Personen auf der Bühne ihre Hände zeigen und nicht hinter dem Rücken verstecken. Denn auch wenn dies vom Publikum eher unbewusst wahrgenommen wird, erweckt es doch den Eindruck, dass die Person in Wirklichkeit etwas anderes verstecken möchte. Darum: Stehst du an einem Instrument und spielst noch nicht, halte einfach deine Hände locker am Instrument oder am Körper (Mehr zu dem Thema Armbewegungen findest du im Kapitel 6 „Liedinterpretation“.).

Als Musiker solltest du auch auf der Bühne stehen und nicht an deinem Instrument sitzen, wenn dies nicht wegen des Instrumentes notwendig ist (Schlagzeug, Cello, Flügel, ...). Gitarristen oder auch Musiker am E-Piano sollten unbedingt stehen. Denn dadurch sind sie aktiver und können diese Haltung auch auf das Publikum hin übertragen.

Übung: Bühne und Raum abgehen

Diese Übung sollte in dem Veranstaltungssaal, in dem der Gottesdienst stattfindet, durchgeführt werden. Ziel ist zum einen, ein Gefühl für die Bühne und die Gegebenheiten zu entwickeln, und zum anderen, den Raum besser einzunehmen.

Jeweils nacheinander sollen die Akteure verschiedene Plätze auf der Bühne einnehmen und sich dort für ein paar Momente hinstellen und umschauen. Dabei sollten möglichst alle Bereiche der Bühne genutzt werden. Der Rest des Teams schaut vom Publikumsbereich aus zu.

Stellt euch folgende Fragen:

- *Wie fühle ich mich an den verschiedenen Orten auf der Bühne?*
- *Wie wirken diese Plätze auf mich?*
- *Wie wirkt es auf die Zuschauer?*

Anschließend sollten alle Teilnehmer im gesamten Raum umhergehen und auch immer wieder von den verschiedenen Orten den Blick zur Bühne suchen. Hilfreich können währenddessen folgende Sätze sein, die man sich in Gedanken verinnerlicht: „In diesem Raum ist mein Publikum. Jeden im Raum möchte ich von der Bühne aus erreichen. Dies ist ‚mein Raum'." Tauscht euch auch anschließend darüber aus. Diese Übung soll die Möglichkeit und Fähigkeit vergrößern, den ganzen Raum von der Bühne aus „einzunehmen".

Die nächsten Schritte

Filmt einmal euren Auftritt und reflektiert ihn auf diese Weise. Beachtet folgende Punkte:

- Habe eine gerade Haltung.
- Drücke die Brust leicht heraus.
- Nimm die Schultern leicht nach hinten.
- Zeige deine Hände und verstecke sie nicht.
- Habe ein gutes Maß und eine Natürlichkeit bei Gestik und Mimik.
- Habe einen festen Stand.
- Nimm den Raum „ein".
- Wenn möglich: Stehe an deinem Instrument.

Nutzt die Übungen im hinteren Buchteil.

Wie schaue ich?

Sicherlich kennst du Menschen, die von Natur aus eine begeisternde Ausstrahlung haben. Was macht diese aus? Kann man an der eigenen Ausstrahlung überhaupt etwas ändern oder diese verbessern? Und: Sollte man das überhaupt tun?

Die Ausstrahlung und Mimik ist für mich ein starkes Indiz für die innere Haltung. Natürlich macht die Ausstrahlung und Wirkung auf mein Gegenüber sehr viel mehr aus. Doch die Mimik – allem voran die Augen und Lippen – verrät unmittelbar, wie es einem geht, was man fühlt und denkt. Auch die Einstellung zu einer Situation wird zum Teil am Gesicht erkennbar. Dies läuft meist unbewusst ab, wird jedoch vom Publikum wahrgenommen.

Auf der Bühne wird all das verstärkt. Darum ist es für einen authentischen Auftritt wichtig, dass das Zusammenspiel zwischen dem Inhalt deiner Botschaft und deiner inneren Haltung stimmig ist.

Menschen nehmen anhand der Körpersprache und der Ausstrahlung wahr, ob etwas echt oder aufgesetzt ist. Darum achte darauf, dass deine Gesten und dein Gesichtsausdruck zu deinen Emotionen und Einstellungen passen. Mache sichtbar, was dich bewegt. Habe keine Angst, deine Emotionen auf der Bühne zu zeigen. Verstecke dich nicht hinter einem „Pokerface" oder den reinen Sachinhalten. Dann wird deine Ausstrahlung und Authentizität auf der Bühne größer.

Deine innere Haltung zu überprüfen, kann dir helfen, deine Ausstrahlung zu verbessern. Genau wie bei dem Thema Identität hat die innere Einstellung eine Wirkung nach außen. Wenn du dich z. B. freust, auf die Bühne zu gehen, um zu singen oder zu spielen, wird man das an deinem Gesichtsausdruck ablesen können. Wenn du ein fröhliches Gesicht aufsetzt, obwohl es dir zuwider ist, auf der Bühne etwas zu tun, wird man diese Diskrepanz wahrnehmen.

Freue dich über diese Aufgabe und freue dich auf dein Publikum. Freue dich darüber, dass Gott dich gebraucht, Menschen näher zu ihm zu führen.

Mimik des Mundes

Mit dem Mund sprechen oder singen wir nicht nur, sondern an ihm zeigt sich auch sehr schnell die Anspannung oder Entspannung eines Menschen. Sind die Lippen zusammengekniffen oder ein wenig geöffnet, spiegelt das deine An- oder Entspannung wider. Auch die Art, wie man lächelt, sagt viel über die eigene Person aus. Lachen die Augen nicht mit, wie es bei einem falschen Lächeln oder Lachen der Fall ist, wird das aufgesetzte Lächeln schnell enttarnt werden.

Das man auf der Bühne lächeln sollte, klingt fast zu banal. Es ist aber entscheidend – und das nicht nur für das Publikum, sondern auch für einen selbst. Denn fast genauso wie man die innere Haltung äußerlich erkennen kann, kann die äußere Haltung bis zu einem gewissen Maße die innere Einstellung beeinflussen.

> *Probiere es einfach mal aus: Lächle, auch wenn dir nicht danach ist. Dies bewirkt, dass du positiver zum Umfeld und zu dir selbst stehst. Dadurch kann die Körperhaltung gelöster und aufrechter sein. Das wiederum verstärkt das eigene Selbstbewusstsein.*

Wenn du mit einem Lächeln auf die Bühne gehst, hilft dies deinem gesamten Auftritt und unterstützt ihn.

Vereinfacht kann man seine Ausstrahlung optimieren, indem man an seiner Einstellung und Haltung arbeitet. Denn dadurch wird die Mimik offener und natürlicher.

Habe eine positive Einstellung:
- zu dir
- zu Gott
- zu deinem Publikum
- zu deinem Team

Habe keine Differenzen:
- mit dir selbst
- mit Gott
- mit deinem Team
- mit dem Programm

Vor längerer Zeit hatte ich in einem Worship-Team ein wirklich liebes Ehepaar dabei. Sie haben sich voll eingesetzt und waren mit dem ganzen Herzen dabei. Wie jeden Sonntag hatten wir immer einen kurzen Soundcheck und auch noch etwas Zeit, um ein paar Liedübergänge kurz anzuspielen. An einem Sonntagmorgen kam nur der Ehemann. Auf meine Frage, wo seine Frau sei, ob es ihr vielleicht nicht gut gehe, da sie nicht mit ihm mitgekommen sei, meinte er nur: „Wir haben uns auf der Fahrt so sehr gestritten, dass sie aus dem Auto ausgestiegen ist. Sie kommt etwas später mit der U-Bahn." Ungefähr 15 Minuten später war seine Frau dann auch da, und natürlich würdigten sich die beiden keines Blickes. Gemeinsam wollten wir dann als Band die Gemeinde im Lobpreis anleiten. Ich bekam die Krise! Es gab Stress und Streit im Team – und wir wollten zusammen Gott loben. Nicht nur, dass man dies an unserer Ausstrahlung garantiert gemerkt hätte – für mich passt das nicht zusammen. Was sollte ich tun? Den Worship im Gottesdienst streichen, weil sich zwei im Team in den Haaren hatten? Einfach weitermachen und so tun, als ob nichts gewesen sei? Ich bekam fast Stresspickel. Und so setzten wir uns noch einmal zusammen, statt die Zeit für das Anspielen der Lieder zu nutzen, und sprachen über die Situation. Ohne Frage konnte in der kurzen Zeit nicht alles geklärt und analysiert werden, aber es war ein erster wichtiger Schritt. Denn weil die beiden sich schon lange und sehr gut kennen, konnten sie das Verhalten des jeweils anderen einordnen und sich vergeben. Wenn dieses auch nur kurze gemeinsame Gespräch nicht vor dem Gottesdienst stattgefunden hätte, hätte ich sehr große Probleme gehabt, entspannt und aufrichtig auf der Bühne zu stehen. Denn es gab unausgesprochene Differenzen im Team.

Mit diesem Beispiel möchte ich dir Mut machen, Schwierigkeiten im Team liebevoll und direkt anzusprechen, denn gemeinsam tragt ihr eine Verantwortung für euren Dienst.

Nachfolgend habe ich ein paar weiterführende Fragen für dich notiert. Sie können dir helfen, durch eine Veränderung deiner inneren Einstellung deine Ausstrahlung zu optimieren:

- Was möchte ich mit meinem Auftritt erreichen?
- Bin ich selbst davon überzeugt?
- Stehe ich gerne auf der Bühne?
- Was macht meine Identität aus?
- Welche Einstellung habe ich zu der Aufgabe, den Menschen und zu Gott?

Augen

Die Augen sind der Spiegel der Seele, sagt der Volksmund. Vieles kann man an den Augen erkennen. Dazu muss man nicht besonders begabt oder feinfühlig sein. Wenn du mit dir, deinem Umfeld und mit Gott im Reinen bist, wird man das auch an deinen Augen erkennen.

Du kommunizierst durch deine Augen

An deinen Augen wird erkennbar, wie deine innere Einstellung zu dem Auftritt oder der gesamten Veranstaltung ist. Schaust du verstohlen zu Boden oder weichst den Blicken des Publikums aus, ist dies ein Zeichen für Schüchternheit – oder sogar einer ablehnenden Haltung.

Durch deine Augen erkennt man, wie du etwas meinst und was du fühlst. Darum ist es wichtig, dass du Augenkontakt zum Publikum hältst. Suche nicht den Boden oder die Decke ab, was oft unbewusst passiert, wenn du nach Worten suchen musst (und was mit einer guten Vorbereitung nicht vorkommen sollte).

Über die Augen und die gesamte Mimik kann man erkennen, wie viel Spaß man als Musik-Team auf der Bühne hat. Ja, Spaß! Das ist wichtig. Dieser Dienst ist wichtig und hat eine große Auswirkung auf die gesamte Kirche. Darum ist es entscheidend, ob man sich als Team gut versteht und sich freut, gemeinsam auf einer Bühne Gott anzubeten und die Leute dazu einzuladen. Ist es für dich jedoch eher eine Last, eine Aufgabe, „die halt irgendeiner machen muss", solltest du deine Einstellung überprüfen. Mit Gott kann man Spaß haben – oder „frommer" ausgedrückt: Gott schenkt einem Freude ins Herz. Und das darf und sollte man auch auf der Bühne sehen und erkennen! Je mehr Spaß du an deiner Aufgabe hast, desto einfach wirst du es haben, diese Aufgabe umzusetzen. Denn mit deiner Freude und Ausstrahlung ziehst du die Menschen dahin, dass sie mit dir gemeinsam Gott anbeten. Lächle, strahle mit deinen Augen und habe mit deinem Team Spaß auf der Bühne (ohne dabei deine Leitung zu vernachlässigen).

Blicke leiten die Blicke des Publikums

Mit nur einem Blick kann man von der Bühne aus Menschen anleiten. Wenn man mit den Augen rollt oder zur Eingangstür schaut, um zu sehen wer gerade kommt, hat das Auswirkungen auf das Publikum. Gleiches gilt für einen gelangweilten Blick zur Seite, während jemand anders auf der Bühne spricht. Man muss sich immer „vor Augen führen", dass der Blick des Akteurs auf der Bühne immer vom Publikum wahrgenommen wird.

Daran sollten besonders Bandmitglieder denken. Wenn

sie nicht gerade spielen, weil z. B. der Lobpreisleiter zum Publikum spricht, sollten sie ihn unbedingt anschauen. Auch wenn sie nur den Hinterkopf betrachten. Aber so lenken sie die Aufmerksamkeit mit ihren Blicken auf den Hauptakteur und unterstützen ihn. Wenn zusammen als Band gespielt wird, ist Blickkontakt in dieser Art jedoch nicht erforderlich. Dann sollte er sich stark auf das Publikum und auch auf das Miteinander konzentrieren.

Mir ist es auf der Bühne häufiger passiert, dass ich mich wirklich stark darauf konzentrieren musste, mit meinen Augen nicht quer durch den Raum zu schauen. Da man von der Bühne meist den besten Blick hat, sieht man auch fast alles im Zuschauerraum. Es gab öfters Situationen, in denen ich unbedingt direkt zur Eingangstür blicken wollte, weil diese gerade aufging – doch das wäre vom gesamten Publikum wahrgenommen worden! Ganz wichtig also: Behalte das Publikum als gesamtes im Blick und lass dich nicht ablenken.

Blickkontakt schafft größeres Verständnis

Das Zusammenspiel des Gesagten und der Augen sorgt dafür, dass die Zuschauer viel genauer verstehen, was man aussagen möchte. Durch den Blickkontakt kann das Gegenüber die Gefühle, Einstellungen und die Haltung besser spüren und verstehen. Das geschieht, wie so oft bei der gesamten Körpersprache, unbewusst.

Der Blickkontakt zum Publikum ist entscheidend. Denn erst dadurch entsteht wirkliche Kommunikation. Es ist normal, dass man seinem Gegenüber bei einem Gespräch in die Augen sieht. Dadurch kann man die vielen Nuancen des Gesagten verstehen und besser einordnen. Jemanden anzuschauen und Zeit mit ihm zu verbringen, zeigt auch

Respekt und Wertschätzung.

Augenkontakt ist im täglichen Leben sehr wichtig, um dein Gegenüber richtig zu verstehen und das Gesagte oder die Tat ein ordnen zu können. Nutze diesen Augenkontakt auch auf der Bühne.

Schau dein Publikum an

Wenn du als Lobpreisleiter auf der Bühne stehst und sprichst, solltest du Blickkontakt mit dem gesamten Publikum haben. Dabei sollte man nicht hektisch hin und her schauen, sondern ruhig und entspannt die gesamte Breite der Sitzreihen mal hier und da im Blickfeld haben.

Beim Singen von Lobpreisliedern kann es vorkommen, dass man mit den Augen etwas anderes macht, als bei anderen Songs. In manchen Kreisen hat es sich eingebürgert, dass man besonders heilig erscheint, wenn man die Augen schließt. Je nach Kirche und Lobpreisstil, schließen sich die Augen aller Akteure auf der Bühne beim Beginn des Lobpreises gleichzeitig und öffnen sich am Ende des letzten Liedes. Für die Musiker und Sänger auf der Bühne mag sich das harmonisch und angenehm anfühlen, denn so können sie sich besser auf das Gebet zu Gott und auch auf die Lieder konzentrieren. Aber hier geht es nicht um die Lobpreisband! Es geht darum, die gesamte Kirche zum Singen, Anbeten und Gott-Feiern anzuleiten. Das kann man besser erreichen, wenn man direkt mit den Leuten über die Augen kommuniziert. Nirgendwo in der Bibel steht, dass man die Augen geschlossen haben muss, wenn man für Gott Lieder singt! Man sollte die Augen nur ab und zu schließen, z. B. um bestimmte Teile eines Liedes auf diese Weise zu interpretieren. Ich habe festgestellt, dass ich auf der Bühne die Augen meistens dann schließe, wenn ich mich unsicher fühle. Sei es auf Grund schlechter Vorbereitung (mangelnde Kenntnis der Liedtexte, musikalische Unsicherheiten, etc.) oder weil ich nicht wusste, wie ich die Gemeinde in diesem Moment am besten anleiten sollte. So habe ich mich halt „versteckt" – und es wirkt sogar noch „fromm". Aber leider unkommunikativ!

Erwähnenswert ist auch die Rückmeldung, die du vom Publikum erhältst. Denn durch deinen aktiven Augenkontakt kannst du die Reaktionen der Zuschauer stärker wahrnehmen und darauf reagieren.

> *Tipp*: Schaue mit deinen Augen ungefähr eine Kopfhöhe über die Zuschauer hinweg ans Ende des Raumes. Überfliege so das gesamte Publikum. Dadurch können die Zuschauer deine Augen sehen und du wirst gerade am Anfang deiner Aufgabe auf der Bühne nicht zu stark abgelenkt.

> Tipp: Du kannst auch vor deinem Auftritt die Augen „dehnen". Gerade am Morgen ist dies hilfreich, um einen wacheren Blick zu bekommen. Dabei schaue abwechselnd ganz nach oben/nach unten und zu den Seiten. Lasse auch deine Augen langsam kreisen und schaue diagonal hin und her.

Die nächsten Schritte

Deine Ausstrahlung beginnt „innen“.

Achte auf deine Einstellung.

- Wie ist deine Einstellung zum Team, Publikum, Programm, zu Gott, zu dir?
- Gibt es Spannungen in eurem Team?

Nutze eine Filmaufnahme eures Auftritts, um folgende Punkte im Team zu reflektieren:

- Halte Blickkontakt mit dem gesamten Publikum.
- Habe als Band den Redner im Auge.
- Du lenkst die Blicke der Zuschauer durch deinen Blick. Wird dies richtig eingesetzt?
- Habe die Augen eher geöffnet als geschlossen, denn mit ihnen kommunizierst du mit dem Publikum.

Habe mit deinem Team Spaß auf der Bühne.

- Habt ihr Spaß auf der Bühne?
- Wodurch merkt man das?
- Wie könnt ihr den Spaß bei euch fördern?

Wie rede ich?

Der Idealfall ist, dass du so auf der Bühne sprichst wie sonst auch. Als Lobpreisleiter gehört es dazu, verschiedene Ansagen und Anleitungen auf der Bühne zugeben (siehe auch Kapitel 6 „Ansagen im Lobpreisteil“). Du hast eine eigene Art und diese sollte auch rüberkommen. Nur ist es oft so, dass man sich auf der Bühne anders verhält, als wenn man mit einer einzelnen Person spricht. Sei es aufgrund von Anspannung, des Lichts oder weil die Ansagen eine Art Monolog sind. Daher gibt es klare Regeln und Tipps, die man beherzigen sollte, damit das Publikum einen gut versteht und den Inhalt aufnehmen kann.

Eine Grundregel für den Ablauf ist folgende:

- Gehen
- Stehen
- Stand finden
- Blickkontakt
- Reden

Wenn du die Bühne betrittst, solltest du noch nicht sprechen. Du bist auf dem Weg zu der Bühnenmitte. Damit leitest du deinen Auftritt ein und gibst dem Publikum die Möglichkeit, sich auf dich einzustellen. Sprichst du schon im Gehen, wirkt dies nervös, hektisch und dein Auftritt wirkt nicht optimal. Denn dieser sollte vorbereitet werden. Stehst du im „Center Stage“-Bereich (Mitte/Mitte der Bühne), finde deinen Stand und finde den Blickkontakt zu den Zuschauern. Erst dann beginne zu sprechen. Das erscheint einem selbst unendlich lang. Dabei handelt es sich aber nur um die eigene Wahrnehmung. Für die Zuschauer wirkt es angenehm. Hinzu kommt, dass dadurch auch eine gewisse Spannung im Publikum aufgebaut wird.

Habe eine klare und ruhige Sprache. Sprich in einfachen und klaren Sätzen. Setze dazwischen bewusst Pausen und senke die Stimme am Ende des Satzes. Vor allem Frauen tendieren dazu, einen Satz wie eine Frage oder eine unvollendete Aufzählung zu beenden und gleich zum nächsten überzugehen. Männer hingegen sprechen oft höher, wenn sie angespannt oder aufgeregt sind. Komme mit deiner Stimme „herunter" und versuche in deiner normalen Tonlage zu reden.

> *Tipp*: Bevor du dein erstes Wort auf der Bühne sprichst, atme etwas aus und beginne zu sprechen, ohne erneut einzuatmen. Dadurch „poltert" dein erster Satz nicht heraus. Denn oft holt man auf der Bühne Luft, hält die kurz an (aufgrund der Anspannung) und haut dann die ersten Wörter nur so heraus.

Habe Mut zu Pausen. Dann hast du kurz Zeit, den nächsten Gedanken zu fassen. Einem selbst kommen Pausen immer sehr lang vor, obwohl sie es nicht sind. Wenn du auf der Bühne stehst und den Beginn des nächsten Satzes verzögerst, kannst du bewusst damit Spannung erzeugen.

Hier ein paar Tipps:

- Konzentriere dich auf dein Gegenüber und sprich mit dem Publikum.
- Sprich eher langsam und entspannt.
- Der Ton macht die Musik. Darum achte darauf, wie du etwas sagst.
- Sprich laut, deutlich und langsam.

- Habe Mut, Pausen zu machen (So hast du auch Zeit, den nächsten Gedanken zu finden).
- Atme vor deinem ersten Satz aus.
- Räusper dich nie, sondern huste. Das ist schonender für die Stimme.
- Variiere mit deiner Stimme (laut, leise, hoch, tief, etc.).
- Zeige deine eigenen Emotionen auch durch deine Stimme (und verbalisiere sie).
- Sage es kurz und knapp (kurze Sätze, kaum Aufzählungen, keine Abschweifungen).
- Vermeide Relativierungen („Das weiß ich jetzt auch nicht mehr so genau…").
- Nutze deine eigene Sprache und verstelle dich nicht.

Wenn du sprichst, versuche nicht, jemand anders darzustellen oder nachzumachen. Das merkt man sehr schnell. Je nach Kirchenkreisen kann es vorkommen, dass ein bestimmtes Vokabular auf der Bühne Verwendung findet. Außerhalb des Gottesdienstes wird es aber nie gesprochen. Vermeide ein solches Vokabular, weil du dir sonst Authentizität und Glaubwürdigkeit nimmst. Man kann respektvoll und auch mal würdevoll von etwas sprechen, ohne in Phrasen oder geschwollene Ausdrücke zu verfallen. Auch sollte man bezüglich der Sprache die Gäste im Blick haben. Das Publikum will die Sprache auf der Bühne verstehen. Dies gilt besonders für die Besucher, die vielleicht das erste Mal in einem Gottesdienst sind. Mit einem Nebensatz kann man schnell manchen internen Begriff erklären (z. B. statt „Lobpreis": „Gott mit Liedern danke sagen"; „gesungene Gebete"; „Wertschätzung gegenüber Gott ausdrücken", usw.).

Wie verhalte ich mich vor dem Auftritt?

Wichtig vor jedem Auftritt ist, dass man vorbereitet ist. Jetzt geht es um die Vorbereitung, wenn man kurz vor dem Auftritt steht. In welcher Stimmung man auf die Bühne geht, hat einen großen Einfluss auf den Gottesdienst. Hier ein paar Punkte, die dich dabei unterstützen sollen.

- Führe wenn möglich direkt vor dem Auftritt keine Gespräche mehr. Sei lieber allein oder mit deinem Team hinter der Bühne. Wenn man evtl. schwierige oder ablenkende Gespräche kurz vorher führt, trägt man diese auch unbewusst mit auf die Bühne.
- Mache dir die Eckpunkte der Lieder und deiner Ansagen noch einmal bewusst.
- Bereite dich auch körperlich und emotional auf den Auftritt vor. Durch z. B. Springen, Hüpfen, Arme kreisen (u. ä.), kannst du zum einen negative Spannung abbauen und zum anderen mit mehr Energie auf die Bühne gehen.
- Falls noch nicht geschehen, sollten die Sänger sich einsingen.
- Eine gute Möglichkeit ist auch ein gemeinsamer Start mit der Band hinter der Bühne (Gebet, Zuspruch, Händedruck, etc.).

Es ist wichtig, dass man sich diese Zeit nimmt und nicht nur „nebenbei“ auf die Bühne geht. Beobachte dich selbst, ob du positiv „geladen“ bist oder eben mal so vorbeikommst.

Die nächsten Schritte

Nutze die Übungen für Ansagen am Ende des Buches und gebt euch gegenseitig Feedback. Beachtet folgende Punkte:

- Regel: Gehen, Stehen, Stand finden, Blickkontakt, Reden.
- Habe Mut zu Pausen.
- Nutze deinen eigenen Wortschatz.

- Wie sieht bei euch die Zeit vor dem Auftritt aus?
- Fühlt sich jeder von euch optimal vorbereitet?
- Wie könntet ihr die Zeit vor dem Auftritt optimal nutzen?

6

LOBPREISLEITUNG

Lobpreisleitung

Liedinterpretation

Wie im gesamten Buch soll auch in diesem Teil die Betonung auf der Performance und dem Auftritt liegen. Jedes Lied kann und sollte unterschiedlich interpretiert und aufgeführt werden. Viele beschränken sich auf das musikalische Arrangement, was zwar wichtig ist, aber nicht alles beinhaltet. Aufgrund der bisherigen Vorarbeit, geht es nun weiter zur Interpretation eines Liedes mittels der „inneren und äußeren Wirkung“. Dies gilt vor allem für den Hauptsänger, aber auch für die gesamte Band, die mit einbezogen werden muss. Konkrete Punkte für die Musiker sind immer im Anschluss erwähnt.

Einfach ausgedrückt ist mit „Innenwirkung“ das Denken und Empfinden gemeint, das ein Lied aufgrund seines Textes und der Musik in uns auslöst (Emotionen und Gedanken). Mittels der „Außenwirkung“ finden diese inneren Emotionen und Gedanken in Gestik, Mimik, Körperhaltung und musikalischer Interpretation dann ihren Ausdruck nach außen.

Wenn versucht wird, die Außenwirkung ohne Innenwirkung einfach „herzustellen“, wird die gesamte Performance auf der Bühne nicht gut werden. Man erkennt als Zuschauer, ob es sich nur um Bewegungsabläufe handelt oder ob diese aus einem echten inneren Bezug zum Song fließen. Bleibt nämlich die „Innenwirkung“ aus (also das Mitdenken des Liedes, die eigenen Emotionen, das innere Miterleben des Inhalts), wirkt der Auftritt künstlich. Ähnlich falsch wäre es, wenn sich ein Lied nur im Inneren abspielt und nicht nach außen dringt. Wenn das Lied nur im Kopf des Musikers bleibt, wirkt der Vortrag oder das Singen des Liedes eher hohl. Es kommt dann wenig bis nichts an Emotionen rüber und der Inhalt des Liedes findet dementsprechend schlecht seinen Weg zum Publikum. Darum müssen beide Aspekte bedacht und beachtet werden.

Der Text und die innere Wirkung

Jedes Lied erzählt eine Geschichte und benutzt Worte, um diese dem Zuhörer nahezubringen. Als Sänger sollte man diese Geschichte nicht nur erkennen und verstehen, sondern auch nachempfinden.

Viele Lobpreislieder erzählen z. B. von der „Größe Gottes“, der Art, wie Gott ist, was er tat und heute noch tut. Die Frage ist nun, wie man dies als Sänger nachempfindet und dann interpretiert. Damit ist nicht gemeint, dass man jedes einzelne Wort oder jede Zeile genau verinnerlicht, sondern sich signifikante Stellen im Liedtext herausarbeitet und seine Emotionen und innere Haltung darauf ausrichtet: Wie sieht der große Bogen der Geschichte im Song aus? Ist in einem Song die Geschichte nicht unbedingt erkennbar (z. B. wenn der Text nur aus wenigen Worten wie „Halleluja“ besteht), muss man sich als Lobpreisleiter eine eigene Geschichte zu diesem Lied erarbeiten, um dem Lied für die Performance Tiefe zu geben.

Jeden Sänger wird eine bestimmte Redewendung oder Zeile einer Strophe stark ansprechen, die ihm viel bedeutet und die er auf dem Hintergrund eigener Erlebnisse emotional mit Inhalt füllen kann. Dieser „Abruf“, also die Verbindung der Zeile mit der eigenen Geschichte, schafft eine tiefe innere Wirkung, die den Song „zum Leben erweckt“.

Beim Singen sollte einem der Text des Liedes vor Augen stehen. Ihn sollte man in erster Linie fokussieren – nicht die Noten, die Umstände oder Ähnliches. Denn sonst nimmt man der Performance die Kraft. Nur wenn der Fokus auf dem Text bleibt, besteht die Möglichkeit, eine passende Körperhaltung sowie Gesten für das Lied zu entwickeln, die das Gesungene glaubwürdig verstärken und unterstreichen.

Wenn du also den Text eines Liedes ausarbeitest, versuche den großen Bogen des Liedes zu erfassen: Worum geht es in der Strophe, worum in der Bridge und im Chorus? Wer ist der Adressat des Liedes? Ist es ein intimes Lied, das sich anbetend an Gott richtet, oder eine Aufforderung, Jesus zu feiern?

Folgende Fragen sollen dich unterstützen:

- Was ist der große Bogen in dem Lied?
- Wer ist der Adressat, d. h. für wen wird dieses Lied gesungen (in der Strophe, im Chorus, der Bridge ...)?
- Wie lautet die Aussage des Liedes?
- Wo ist der Höhepunkt des Liedes?
- Welche Stellen sind ausschlaggebend?
- Was verbinde ich persönlich mit dem Text/einzelnen Textstellen?
- Welche Emotionen löst der Text in mir aus?

Wenn man den Text nicht bewusst verinnerlicht hat, wirken der ganze Vortrag des Liedes und die Performance eher hölzern, statisch und unecht.

Die Frage lautet daher: Welche Story geht dir bei dem Lied durch den Kopf?

Die Musik und die innere Wirkung

Die Musik bildet eine wunderbare Brücke zu den Emotionen. Die meisten Songwriter setzen eine spezielle Art von Musik ein, um ein gewisses Gefühl zu transportieren. Darum ist die

Melodie in der Regel angelehnt an die Aussage des Textes gewählt worden. So wird der Inhalt durch die Musik unterstützt, transportiert und verstärkt. Es macht ganz klar einen Unterschied, ob ein Lied in Dur oder Moll gespielt wird, ob es dynamisch oder eher ruhig ist usw. Die Musik hilft also, die emotionale Botschaft des Liedes zu entschlüsseln.

Übung: Emotionen in der Musik
Höre einmal mit geschlossenen Augen ein Lied an. Konzentriere dich darauf, welche Emotionen durch die Musik in dir ausgelöst werden (Freude, Leid, Wut, Angst, Trauer, Liebe, Geborgenheit usw.). Diese Übung hilft dir, bewusst die in das Lied gelegten Emotionen wahrzunehmen.

Die Emotionen, die durch ein Lied in dir ausgelöst werden, müssen beachtet werden. Aufgrund deiner Ausarbeitung des Textes und der Geschichte des Liedes, verstärken die Emotionen der Musik deine innere Haltung zu dem Song. So kannst du durch das, was du über das Lied und den Text denkst und empfindest sowie durch die Emotionen, die durch die Musik verstärkt werden, zu einer guten Haltung für eine authentische Performance gelangen. Auf dem Hintergrund dieser Ausarbeitung sollte auch das Band-Arrangement des Liedes erarbeitet werden. So können z. B. Höhepunkte in dem Song, Akzente oder auch ein besonderes Gefühl, das für deine Interpretation wichtig ist, herausgearbeitet werden.

Höre oder spiele wenn möglich das Lied auch einmal ohne den Text. Achte dabei auf die Harmonien und die Melodie. Mit folgenden Fragen kannst du die Emotionen des Song konkreter herausarbeiten:

- Welche Emotionen entstehen bei den Harmoniefolgen, Passagen, etc.?
- Gibt es Auffälligkeiten in der musikalischen Gestaltung und was lösen sie aus?
- Welche Emotionen werden durch die Musik bei mir persönlich geweckt?

Bedeutung für die Band

Die Erarbeitung des Liedes sollte der Band mitgeteilt werden. Denn dadurch kann die gesamte Band später die Wirkung des Liedes genau interpretieren und den Leadsänger unterstützen.

Für die Arbeit der inneren Wirkung eines Liedes folgt nun auf den nächsten Seiten ein Beispiel. Es ist zu beachten, dass der Song und deren Ausarbeitung als Beispiel dienen. Die Angaben sollen als Anhaltspunkt für eine eigene Ausarbeitung dienen.

Everlasting God

Vers:
Strength will rise as we wait upon the Lord,
we will wait upon the Lord
we will wait upon the Lord (repeat)

=> Publikum

PreChorus:
Our God You reign for - ev - er
=> Gott
Our hope Our strong de - liv - rer
=> Publikum

Chorus:
You are the everlasting God
the everlasting God
You do not faint You won't grow weary

=> Gott

and You're the defender of the weak
You comfort those in need
You lift us up on wings like eagles

=> Gott
beim 2.x Publikum
als Einladung

Text & Melodie: Ken Riley & Brenton Brown, ©2005 Thankyou Music/ kingswaysongs.com
Für D, A, CH: SCM Hänssler, 71087 Holzgerlingen

Erklärung

Vers:

Die Ausrichtung des Verses liegt auf dem Publikum. Es geht um eine Aussage, die den Leuten mitgeteilt wird.

PreChorus:

Hier findet ein Fokuswechsel statt: Gott wird nun direkt angesprochen. In der zweiten Zeile schwenkt der Fokus wieder aufs Publikum, um die Aussage zu betonen, dass Gott unsere Hoffnung ist („Hört, Leute! Gott ist unsere Hoffnung!").

Chorus:

Der Fokus liegt klar auf Gott. Ihm wird bewusst und direkt durch die Aussagen im Text gedankt.

Bei der Wiederholung soll im zweiten Teil des Chorus' der Fokus auf das Publikum gerichtet sein. Der Text dient als eine Einladung, mit seinen Nöten und Schwierigkeiten zu Gott zu kommen, weil er uns durchträgt. Diese Wahrheit soll ausgerufen und dem Publikum verkündet werden.

Everlasting God

Vers: Gott gibt uns Stärke!

Strength will rise as we wait upon the Lord,
we will wait upon the Lord
we will wait upon the Lord (repeat)

Blick zu Gott / Geduld

du bist mein Gott für immer und regierst!

PreChorus:

Our God You reign for - ev - er
Our hope Our strong de - liv - rer

meine Hoffnung bei allen Schwierigkeiten

Chorus: für die Ewigkeit

You are the everlasting God
the everlasting God
You do not faint You won't grow weary

nichts ist unmöglich

and You're the defender of the weak
You comfort those in need
You lift us up on wings like eagles

Du beschützt mich und hilfst mir

meine Lieblingsstelle, persönliches Beispiel

Text & Melodie: Ken Riley & Brenton Brown, ©2005 Thankyou Music/ kingswaysongs.com
Für D, A, CH: SCM Hänssler, 701087 Holzgerlingen

Erklärung

Vers:

Text - In dem Vers geht es um die Stärke Gottes für unser Leben, die er uns schenkt, während wir auf ihn warten. Gottes Stärke in uns wächst automatisch, wenn wir uns auf ihn, unseren Herrn, ausrichten. So können wir geduldig sein und Gott vertrauen. Es ist eine Art Proklamation.
Musik - Die Musik betont für mich das Warten und durch den Beat die Betonung der Aussage.

PreChorus:

Text - Hier wird nun direkt zu Gott gesprochen. Gott regiert für immer und er ist unsere Hoffnung in allen Situationen und Schwierigkeiten. Dabei sind mir mehrere persönliche Beispiele bewusst.
Musik - Die Musik öffnet sich etwas, aber das Warten wird verstärkt (gespannte Erwartung). Die Harmonie strebt nach einer Auflösung und einer weiteren Öffnung. Es zieht einen immer weiter nach oben.

Chorus:

Text - Gott ist der Ewige und er bleibt für immer bestehen. Nichts ist ihm unmöglich und niemals lässt seine Macht nach. Er beschützt und kümmert sich um die Schwachen, dass sie wie Adler über ihren Nöten „fliegen" können. Emotional ist der letztere Teil aufgrund eigener Erlebnisse besonders bewegend.
Musik - Der Chorus löst das vorherige Warten auf. Die Musik öffnet sich und unterstreicht das jeweilige Starke und Schwache (defender/weak; comfort/need) sowie das Erheben am Ende (eagles).

Die Außenwirkung des Liedes

Nun steht die Geschichte zum Lied. Die Gedanken und Empfindungen zum Ablauf des Liedes sollten klar sein. Welche Worte oder Zeilen bedeuten dir persönlich sehr viel und was verbindest du damit? Bei der Aufführung des Liedes hat man natürlich die Geschichte nicht bis ins Detail bewusst vor Augen, doch sollten die durch sie ausgelösten Emotionen abgerufen werden. Geht es z. B. bei einem Part im Lied um das Geborgensein bei Gott, wäre es gut, ein eigenes Beispiel aus dem persönlichen Leben präsent zu haben. Steht man dann später auf der Bühne, wird man sich eher selten die konkrete Begebenheiten bewusst machen, jedoch aktiv die spezifische Emotion, die damit verbunden ist.

An diesem Punkt stellt sich nun die Frage, wie dies nach außen dargestellt werden kann. Grundsätzlich sollte sich die Performance an der vorangegangenen Arbeit ausrichten und ihr nicht widersprechen. So kann z. B. ein Lied, das man persönlich als sehr intim empfindet, nicht mit enthusiastischen Moves oder ähnlichen Bewegungen dargestellt werden. Dasselbe gilt für das Gegenteil: Geht es beim Liedinhalt darum, Gott zu feiern, und wird das Publikum genau dazu aufgefordert, kann der Sänger nicht ruhig an seinem Platz stehen und den Song andächtig vortragen. Die Bewegungen müssen immer zum Musikstil passen, sprich: Ruhiges Lied – ruhige Performance, dynamisches Lied – dynamische Performance.

Ausschlaggebend ist darüber hinaus, die entscheidenden Textstellen eines Liedes mit Bewegungen und der Mimik zu unterstützen. So sollte man speziell für diese Textstellen eine Performance erarbeiten, durch die die Botschaft des Liedes verstärkt wird. Dies erreicht man u. a. mit dem emotionalen Ausdruck seines Auftritts. Dabei geht es nicht um den Sänger oder Musiker selbst, sondern um den Inhalt und die Message des Songs. Dies mag einem als Künstler nicht immer unbedingt bewusst sein oder gefallen, dennoch ist es sehr wichtig.

Agieren mit den Augen

Wie schon zum allgemeinen Bühnenverhalten beschrieben, ist der Augenkontakt mit dem Publikum sehr wichtig. Denn dadurch, dass das Publikum deine Augen sehen kann, kann es die Emotionen, die du beim Vortragen des Liedes hast, besser erkennen. Deine Kommunikation mit den Zuschauern ist so viel besser möglich.

Singst du ein Lied, sollte auch dein Blick fokussiert sein. Damit ist gemeint, dass du nicht ständig wild hin- und herschaust. Man kann von der Bühne blicken ohne etwas gezielt im Fokus zu haben. Dabei schaut man dann zwar in eine Richtung, doch ist der Blick eher „hohl" – gerade so, als würde man durch jemanden hindurchschauen. Das passiert meist dann, wenn man mit seinen Gedanken nicht bei dem Song ist, sondern sonst irgendwo. Es kann auch sein, dass jemand aus Unsicherheit den Blick nervös durch den Raum oder auch über den Boden schweifen lässt. Doch so ist eine gute Kommunikation von der Bühne unmöglich.

Behältst du jedoch den Fokus, bedeutet dies, dass du wirklich in eine Richtung schaust und dich darauf konzentrierst. Dies darf ruhig auch ein Punkt an der Wand sein; aber weil du eben diesen fokussierst, bist du in den Gedanken bei dem Lied, das du vorträgst.

Einen klaren Fokus zu haben bedeutet nicht, dass man nur starr auf einen Punkt schaut. Es heißt vielmehr, dass man bewusst und intensiv in eine Richtung blickt, die sich aber durchaus ändern kann. So kann es beim Singen unterstützend sein, bei einem Strophen- oder Zeilenwechsel auch einen Blickwechsel vorzunehmen. Bei Sprechern auf einer Bühne hingegen, sollte der Blick ruhig und entspannt zum Publikum wandern. Bei Sängern wiederum kann der Fokus auch länger auf einen Punkt gerichtet sein, der z. B. eine Kopfhöhe über den Zuschauern liegen kann. Wichtig ist nur, dass das Publikum die Augen des Akteurs sieht.

Das zu interpretierende Lied sollte mit den Augen und deren Fokus unterstützt werden. Dazu muss zunächst klar sein, wer der „Empfänger" des Liedes/einer Liedpassage ist. Ist der Text z. B. eindeutig an Gott gerichtet, kann ich auch das mit den Augen deutlich machen: So wird durch einen leichten Blick nach oben für das Publikum sichtbar, an wen diese Zeilen gerichtet sind. Andere Passagen können klar eine Einladung zum gemeinsamen Singen beinhalten. Dann sollte in das Publikum geschaut werden.

Die Blickrichtung verändert sich meist automatisch, wenn man sich selbst über die „innere Wirkung" im Klaren ist. Um das zu verdeutlichen, hier einige Beispiele und ihre allgemeine Bedeutung:

Blickkontakt	**Bedeutung / Wirkung**
Schräg zur Seite nach oben	nachdenklich, Erinnerung
Schräg zur Seite nach unten	traurig, enttäuscht
Schräg nach oben geradeaus	Hoffnung, zu Gott, Sehnsucht
Schräg nach unten geradeaus	schämen, Verlegenheit, Scham

Dies sind nur einzelne Beispiele, die man gezielt nutzen kann, wenn zuvor die „innere Arbeit" gut erledigt worden ist. Wenn ich aus meiner „inneren Geschichte" meine Augen in eine bestimmte Richtung blicken lasse, wird die Kommunikation gut funktionieren. Blicke ich hingegen z. B. nur schräg nach unten, um Traurigkeit zu symbolisieren, fühle mich aber nicht traurig oder empfinde den Text nicht als traurig, wirkt mein Blick hohl und künstlich. Nur wenn deine innere Haltung und dein Gefühl mit deiner äußeren Wirkung zusammenwirken, kann dein Blick den Inhalt und dein Gefühl perfekt unterstreichen und das Lied lebendiger werden lassen.

Habe die Augen offen, um gut zu kommunizieren. Stehe nicht einfach verträumt am Mikrofon und schaue verklärt in irgendeine Richtung. Überlege dir vielmehr, was du wirklich bei dem Text und der Musik empfindest und erarbeite dir dadurch auch den Blickkontakt.

Folgende Fragen sollen dir dabei helfen:

- Zum wem singst du die Passage des Liedes (Gott, Publikum, zu dir selbst, …)?
- In welche Richtung könntest du schauen, um den Text optimaler zu kommunizieren?
- Wie lange musst du in eine bestimmte Richtung schauen, um den Inhalt unterstützend zu transportieren (Zeile, Strophe, Chorus, Lied, ...)?

Übung: Fokus halten

Singe einmal ein Lied und schaue NUR in eine Richtung. Dies wird dir schwerer fallen, als du denkst. Aber die Übung wird dir helfen, deinen Fokus (inhaltlich und bez. Augenkontakt) zu halten.

Übung: Fokus- und Blickkontakt

Oft besteht die Schwierigkeit darin, dass man bei einem Lied den Blickkontakt über einen längeren Zeitraum nicht halten kann. Durch zu starkes Hin- und Herschauen kann man ein Lied nicht optimal vortragen. Folgende Übung kann dir helfen, darin besser zu werden. Und auch dein Team wird durch sie herausgefordert:

Jeweils zwei Personen stehen sich direkt gegenüber. Sie sollen sich nun ganze drei Minuten lang direkt in die Augen schauen (nicht auf die Nase oder Stirn fokussieren). Hilfreich wäre es, sich hinterher kurz auszutauschen, wie man persönlich die Übung empfunden hat. Diese Übung kann man auch variieren: Tragt eurem Gegenüber ein Lied oder einen Text auswendig vor und schaut ihm dabei direkt in die Augen.

Zum Bereich der Augen zählt auch die gesamte Mimik. Man kann natürlich nicht nur starr mit den Augen in bestimmte Richtungen blicken und hoffen, dass dadurch die Aussage des Liedes verstärkt wird. Es geht eher darum, auch hier gewisse Formen und Techniken kennenzulernen, die man in einem Zusammenhang nutzen kann. Es ist wie bei der Musik: Nur weil die Moll-Tonart eher melancholisch wirkt und die Dur-Tonart tendenziell für die heitere Musik verwendet wird, heißt das noch lange nicht, dass das Lied dann mit „Leben gefüllt" ist. Es gehört sozusagen „eine Seele", eine Geschichte dazu. Es bedarf eines großen Zusammenspiels, wenn ein Lied komponiert wird.

Auf welche Weise du mit deinen Augen agierst, ist zunächst

eine reine „Technik“, die aber mit Leben gefüllt werden muss, damit sie nicht künstlich wirkt. Darum muss das, was du fühlst, und die Geschichte, die hinter dem Lied steckt, in deine Mimik einfließen. Zur Mimik gehören in erster Linie die Augen, aber natürlich auch der gesamte Gesichtsausdruck. Wie beim Singen üblich, solltest du locker und entspannt sein, um gut zu singen und auf der Bühne zu agieren. Lass dabei das, was du bei einem Song empfindest, unbedingt nach außen dringen: durch deine Mimik, dein Lächeln, deine Ausstrahlung usw.

Bedeutung für die Band

Wie immer sollte die Band die Interpretation des Liedes und den Hauptsänger unterstützen. Doch müssen die Musiker ihn nicht direkt anschauen so wie sie es tun sollte, wenn ein Akteur auf Bühne spricht. Ihr Blick kann ganz natürlich zwischen dem Publikum und den anderen Personen der Band hin- und hergleiten. Doch auch für die Bandmitglieder gilt: Habe einen klaren Fokus! Auch von der Band sollte niemand den Boden „absuchen“ oder in Gedanken vertieft in eine Richtung blicken. Manche Musiker sind beim Spielen ihres Instrumentes so in sich versunken, dass sie ihr Umfeld nicht mehr wahrnehmen oder nicht mehr auf die Leute reagieren, geschweige denn, dass sie etwas kommunizieren. Aber auch als Musiker leitest du dein Publikum an. Darum solltest du dir die Frage stellen, was du von der Bühne kommunizierst bzw. kommunizieren möchtest. Dies geschieht durch die Augen und die Mimik.

Als Band sollte man die Interpretation des Liedes unterstützen, indem man z. B. auch fröhlich schaut, wenn es ein dynamisches Lied ist. Das Gleiche gilt für sehr ruhige und intime Liedern: Unterstütze diese mit deiner Mimik und deinem Blick.

Grundsätzlich ist es wichtig, dass die gesamte Band durch ihre Blicke und ihre Mimik dem Publikum kommuniziert, dass sie Spaß auf der Bühne hat. Sie ist dort freiwillig und musiziert für Gott und die Gemeinde. Welch ein Vorrecht und Geschenk!

Bewegungsrepertoire erstellen

Für die Interpretation des Liedes kannst du nun überlegen, welche Bewegung zur Aussage des Liedes passt. Es gibt Bewegungen, die zur dir passen und auch den Text und die Emotion des Liedes gegenüber dem Publikum kommunizieren können. Diese solltest du nutzen. Achte dabei darauf, dass es sich wie bei der „inneren Wirkung" eher um einzelne Passagen handelt und das Lied als Ganzes zu sehen ist. Die Bewegungen sollten nicht pantomimisch den Text nacherzählen, sondern die eigenen als wichtig erkannten Passagen unterstützen. Die Bewegungsabläufe können so von „innen heraus" nach „außen" sichtbar werden. Das Publikum hört und sieht den Song und kann ihn somit besser verstehen und nachvollziehen. Damit dies geschieht, kann man grundsätzlich sagen, dass die Bewegungen eher langsam und groß ausfallen sollten, was man jedoch je nach Song und Dynamik abwägen muss. Doch die Tendenz geht klar in diese Richtung.

Um ein Gefühl für Bewegungsabläufe zu bekommen, im Folgenden einige Beispiele für Armbewegungen:

Bewegungen	Bedeutung
Hand leicht schräg nach oben ausgestreckt	Hinweis auf Gott
Hochgestreckter Arm mit Faust	Energie, Entschlossenheit
Flache Hand auf das Brustbein	von ganzem Herzen, „So empfinde ich“
Flache Hand auf den Bauch	„Mein Gefühl sagt mir“
Arm nach oben angewinkelt, Hand macht Greifbewegung	„Ich brauche“, „Ich ergreife“, „Tief in mir“
Von oben nach unten gezogenen Arm mit Faust	Entschlossenheit, Aggression
Ausladender Arm mit offener Hand (oder auch beide Arme)	Offenheit, bittend, empfangend
Hochgetreckter Arm mit Zeigefinger nach oben	entschlossener Hinweis auf Gott (dynamisch)

Man kann für sich selbst eine Art Bewegungsrepertoire entwickeln; die Liste soll lediglich als Beispiel für die verschiedenen Möglichkeiten dienen.

Übung: Bewegungsrepertoire
Versuche dir für die folgenden Emotionen Bewegungen zu überlegen. Diese sollten zu deinem Typ passen. Sei offen für Neues und probiere auch unterschiedliche Dinge einmal aus. Probiere

dies vor einem Spiegel und performe einen Song auch mal theatralisch. Hilfreich dafür kann eine Videoaufnahme sein.

Emotion	***Bewegung***
Freude	
Entschlossenheit	
Wut	
Traurigkeit	
Dank	
Verzweiflung	
Liebe	
Verlegenheit	

In den Bereich der Armbewegungen gehört auch das Klatschen. Dies sollte eigentlich immer ein Anleiten des Publikums sein. Wenn man als Sänger z. B. während des Chorus zu klatschen beginnt, sollte man dies während des gesamten Chorus fortführen. Oft wird nämlich damit begonnen, doch dann aus diversen Gründen wieder aufgehört – sei es, weil man sich unsicher fühlt, das Publikum nicht wie erwartet mitklatscht, o. Ä. Ziehe ein Klatschen für den geplanten Teil des Liedes durch und unterbreche es grundsätzlich nicht. Es können z. B. auch Backgroundsänger klatschen und der Leadsänger nicht (oder auch anders herum). Beachte, dass solche Parts durchgedacht werden müssen (Wo passt ein Klatschen? Kann ich evt. aufgrund anderer Aktionen auf der Bühne die Passagen wirklich durchklatschen oder nicht?). Dein Klatschen sollte nicht unbedingt von der Rückmeldung des Publikums abhängig sein („Klatschen sie mit oder nicht?"). Natürlich kann man als Sänger einfach kurz einmal klatschen und wieder damit aufhören. Wenn man jedoch bewusst das Publikum zum Mitklatschen animieren möchte, sollte man dies überlegt tun und dann auch durchziehen.

Übung: Natürliche Bewegungen
Eine Übung, die man gut im Team umsetzen kann, ist folgende: Eine Person ruft nacheinander verschiedene Begriffe. Die anderen Personen sollen diese ad hoc in eine eigene Bewegung umsetzen. Die Begriffe und Redewendungen entsprechen dabei den Textzeilen eines Liedes und sollen dargestellt werden. Diese Übung verhilft zu einer natürlichen und eigenen Interpretation eines Liedes. Für die Übung kann es gern etwas theatralischer ausfallen. Wichtig dabei: Habe den Mut, dich ganz loszulassen und nicht auf andere zu achten. Gehe diese Übung spielerisch an.
Beispielbegriffe: Halleluja, Ehre, Danke, bei dir, geborgen, ich vertraue dir, in der Freiheit, empfangen, zu Hause, wir preisen dich, heilig bist du usw.

Bewegungen zum Lied
Auch die Wege, die man auf der Bühne während des Liedes geht, können und sollten die Liedaussage unterstützen. Man kann die Aussage und die eigenen Emotionen zu einem Lied durch den Gang, den zurückgelegten Weg, Hinknien o. Ä. ein größeres Gewicht verleihen. Allgemein kann man zum Gehen auf einer Bühne sagen, dass dies bewusst und dynamisch erfolgen sollte. Oft traut man sich nicht, die gesamte Bühne zu nutzen. Nimm dir unbedingt diese Freiheit. Übe dies auch vor deinem Auftritt, indem du die verschiedenen Wege auf der Bühne einmal abgehst.

Wenn man ein Lied bezüglich des Stagings (d. h. der Bühnenperformance zu einem Lied) weiter ausarbeitet, folgen dann auch die Wege und ggf. Posen, die entwickelt werden sollten. Um die Bedeutung von verschiedenen Wegen und auch Plätzen auf der Bühne zu verdeutlichen, sind im Folgenden einige als Auswahl beschrieben:

Aktion	**Wirkung**
Standort hinterer Bereich der Bühne	Defensiv, zurückgezogen (z. B. um Raum für anderen Solisten zu geben), weniger Aufmerksamkeit
Standort mittlerer Bereich der Bühne	Weite und Tiefe, Kontakt mit gesamten Publikum, normale Aufmerksamkeit
Standort Mitte am Bühnenrand	intensiv, aktiv, intim, viel Aufmerksamkeit
Standort seitlich am Bühnenrand	solidarisierend mit Publikum, erzählend
Nach vorne gehend	verstärkend, entschlossen
Nach hinten gehend	sich zurücknehmend, ruhiger werdend
Seitlich leicht hochblickend zur Seite gehen	Verstärkung des erwähnten Nachdenkens, Erinnerung

Auch die bewusste Wahl der Wege kann die Bedeutung des Liedes unterstreichen. Ist das Lied ein schnellerer Song, wird der Gang aktiver und schneller. Natürlich kommen auch

Tanzeinlagen oder Moves zum Tragen. Bei ruhigen Songs kann auch bewusst das Stehen an einem Punkt der Bühne gewählt werden. Jedoch sollte dies als Unterstützung ausgewählt werden und nicht aus Unsicherheit oder Bequemlichkeit heraus. Auch bei einem sehr intimen Song gibt es unterschiedliche Phasen. So kann z. B. der Song auf einem Barhocker begonnen werden. Je nach Aufbau des Liedes kann z. B. bei der Bridge oder einem anderen inhaltlich passenden Punkt aufgestanden werden, um die Überzeugung und die „Standfestigkeit" der Aussage zu zeigen und auszudrücken.

Genau wie mit dem Blickwechsel der Augen, kann man durch die Verknüpfung der beiden Aktionen die Bedeutung verstärken. So kann man einen Gedankenwechsel im Lied erstens durch den Blick-Wechsel, und zweitens durch den Weg-Wechsel verstärken (erst blicken, dann gehen).

Gehen zum Beat

Wenn man als Sänger auf der Bühne performt, kann dies durch das Gehen zu einem Lied unterstützt werden. Wie schon erwähnt: Nutze die gesamte Bühne! Es gibt ganz unterschiedliche Arten und Möglichkeiten. Probiere diese einfach einmal aus:

- Gehen auf den Beat
- Gehen auf der Stelle
- Seitliche Schritte auf der Stelle
- Schritte vor und zurück auf der Stelle
- Die Füße nebeneinander setzend (normaler Gang)
- Die Füße voreinander setzend
- Die Füße über Kreuz setzend (z. B. mit Oberkörper wippend)

- Federnd gehen
- Hüpfend gehen

Für manche mag es ungewohnt sein, sich so stark auf einer Bühne zu bewegen. Aber dadurch ist nicht nur die Kommunikation besser, sondern man erzeugt so auch eine viel höhere Aufmerksamkeit des Publikums. Du solltest dir Gedanken machen, was für die Interpretation des Liedes förderlich ist.

Körperhaltung

Auch durch die Körperhaltung wird beim Vortrag des Liedes viel kommuniziert. Wähle diese darum ganz bewusst aus. Besonders wenn der Inhalt des Liedes nicht zu Mimik und Körperhaltung passt, wirkt dies künstlich. So können ein Lächeln und eine sehr offene Haltung bei einem traurigen Lied sehr deplatziert wirken. Genauso gilt andererseits: Handelt das Lied von Freiheit und Freude und man steht eher teilnahmslos mit hängenden Schultern auf einem Platz und bekommt kaum ein Lächeln über die Lippen, zeigt das, dass es eher keine „innere Wirkung" gibt, die ihren Weg nach außen gefunden hat. Das Lied besteht dann nur aus Tönen und Wörtern, aber es erzählt keine Geschichte, die einen bewegt und hinter der man das Leben spürt.

Moves

Es ist nicht nur üblich, sich zu Musik zu bewegen, sondern auch zu tanzen. Besser aber nennt man es „grooven", um damit Verwechslungen mit dem Standardtanz zu vermeiden. Jeder hat seine eigene Art und Weise, sich zur Musik zu bewegen. Nutze dies gerade bei dynamischen Liedern. Fühle dich frei, deinen Bewegungen nachzugehen. Natürlich kann man auch verschiedene „Moves“ oder Tanzschritte einstudieren, um sie dann bei einem bestimmten Teil des Liedes einzubringen.

Übung: Tanzmoves

Für diese Übung benötigst du eine Videokamera/Handy mit Videoaufnahme und Musik. Spiele ein schnelles Lied ab und bewege dich dazu völlig frei, so wie die Musik sich für dich anfühlt. Habe dabei keine Scheu und halte dich nicht zurück. Stelle deine Kamera auf und filme dich dabei. Nutze das auch einmal zu ganz anderen Musikstücken und zu unterschiedlichen Liedaussagen. Ziel ist, dass du deine Art und Weise zu tanzen und dich zu bewegen reflektierst und diese dann auch später bewusst(er) einsetzen kannst.

Mit diesen unterschiedlichen Möglichkeiten, kannst du einen Bewegungsablauf für den Song erstellen. Stelle dir die Fragen:

- Was: Welche Bewegungen mache ich?
- Wann: An welcher Stelle des Songs?
- Wo: An welchem Ort der Bühne?

Folgende Fragen kannst du dir zur Ausarbeitung stellen:

- Was möchte ich mit der Liedstelle ausdrücken?
- Wie kann ich das durch meine Körperhaltung verstärken?
- Wie kann ich das durch meinen Gang und durch die Wege auf der Bühne unterstützen?
- Was wäre für die Aussage des Liedes hinderlich?

Bedeutung für die Band

Wie bei der Mimik sollten auch die Bewegungen der Band während des Liedes die Interpretation des Hauptsängers unterstützen. Sicherlich kann man z. B. auch einmal eine ganze Choreographie mit den Backgroundsängern erarbeiten. Jedoch ist dies im allgemeinen Ablauf eher seltener der Fall. So ist es sehr wichtig, dass die übrige Band den Sänger durch ihre Bewegungen unterstützt, indem sie ihm den Raum für seine Bewegungen lässt. Dazu kommt, dass auch sie körperlich mitziehen. Damit ist gemeint, dass sie z. B. mitgrooven, wenn der Sänger groovt. Läuft er umher, sollten sie jedoch nicht alle mitlaufen. Grundsätzlich sollte kein Musiker dem Hauptsänger „die Show stehlen", indem er dynamischer und auffallender performt. Die Musiker müssen sich dem Hauptakteur unterordnen und ihn emotional und körperlich unterstützen. Sicherlich gibt es in Teilen eines Liedes immer wieder mal Ausnahmen, wo ein Musiker durch sein Solo und seinen Bewegungen eher auffallendere Aktionen durchführt. Dies ist aber die Ausnahme. Manche Musiker haben eher die Tendenz, sich hinter ihren Instrumenten zu verstecken. Dies ist keine Unterstützung für den Hauptsänger. Beachte ein gutes Maß an Bewegungen, die dir liegen und dem Sänger dienen.

> *Tipp*: Beachte als Sänger und Musiker deine Körperspannung. Oft wird leider der Fehler gemacht, dass man es den Sängern und Musikern körperlich ansieht, dass für sie das Lied zu Ende ist (ihr Part), obwohl die anderen noch weiterspielen. Behalte unbedingt die Spannung bis zum Ende. Das gilt nicht nur bis zum Ende des Liedes, sondern bis zum Ende des Auftritts. Habe eine aktive Körperspannung, vom ersten bis zum letzten Schritt auf der gesamten Bühne. Behalte dies im Blick für die Songs, den Lobpreisblock und den ganzen Auftritt.

Für das Lied „Everlasting God“ folgt nun auf den nächsten Seiten ein Beispiel für eine äußere Wirkung. Diese Interpretation dient als persönliches Beispiel. Für einen eigenen Auftritt muss das Lied individuell erarbeitet werden.

Die nächsten Schritte

Nimm einen dir bekannten Song und beginne mit der Liedinterpretation. Dafür kannst du folgende Zusammenfassung nutzen:

1. Schritt: Textarbeit

- Was sagt der Text (Grundaussagen)?
- Zu wem/für wen wird das Lied gesungen (als Ganzes/Strophe/usw.)?
- Welche Passage ist mir besonders wichtig? Warum?
- Welche Emotionen löst der Text bei mir aus?

2. Schritt: Musikalische Arbeit

- Welche Emotionen bringt die Musik mit?
- Gibt es Auffälligkeiten in der musikalischen Gestaltung und was lösen sie aus?

3. Schritt: Körper-Arbeit

- Wie kann ich die vorhandenen Emotionen transportieren?
- Was möchte ich aussagen und wie kann ich das durch meine Körperhaltung verstärken?

Nutze als Team die verschiedenen Übungen (siehe auch „Praktische Übungen“).

Everlasting God

leicht nach vorne gebeugt, Fuß vor.

Vers:
Strength will rise as we wait upon the Lord,
we will wait upon the Lord
we will wait upon the Lord (repeat)

nach oben zeigen

Hand offen/oben

PreChorus:
Our God You reign for - ev - er
Our hope Our strong de - liv - rer

Hand auf Brust

Faust/Stärke

Chorus:
You are the everlasting God
the everlasting God
You do not faint You won‘t grow weary

Arme offen

Körper leicht zu

offen werden

and You‘re the defender of the weak
You comfort those in need
You lift us up on wings like eagles

beschützend zu machen

Arm raus weit auf

Text & Melodie: Ken Riley & Brenton Brown, ©2005 Thankyou Music/ kingswaysongs.com
Für D, A, CH: SCM Hänssler, 71087 Holzgerlingen

Erklärung

Vers:

Durch die Bewegung soll die Aussage, die dem Publikum zugesungen wird, verstärken. Motto: „Leute, hört mir zu..." Durch die leicht gebeugte Haltung wird das Warten betont.
Ort: Rechts und links seitlich am Bühnenrand über Mitte/ Mitte der Bühne.
Gang leicht federnd.

PreChorus:

Die sich öffnende Hand weist zu Gott und unterstützt so den Fokuswechsel zu Gott hin. Die Hand auf der Brust bekräftigt, dass Gott meine und unsere Hoffnung ist. Die Faust dient als Sinnbild für Stärke.
Ort: Mitte/Mitte der Bühne
Stehen.

Chorus:

Die offene Körperhaltung und die geöffneten Arme unterstreichen das Öffnen der Musik und die Hauptaussage. Um das Kraftlose zu symbolisieren, geht die Körperhaltung leicht zu, und öffnet sich dann erneut, um die Stärke anzudeuten.

Um sich zu schützen, geht auch hier der Körper leicht zu. Durch das erneute Öffnen und die weit ausgetreckten Arme, wird die Aussage stärker betont („lift us up").
Ort: Mittlerer Bereich der Bühne
Zum Beat gehen/gehen auf der Stelle

Ansagen im Lobpreisteil

Als Leiter für den Lobpreisteil in einem Gottesdienst musst du vor allem eines tun: Leiten. Das mag ein wenig eigenartig klingen, aber viele vergessen genau das zu tun. Vielleicht haben sie auf der Bühne eine tolle Lobpreiszeit mit ihrer Band, vergessen jedoch die Leute, die sie anleiten sollten.

Grundsätzlich kann man sagen, dass man das Publikum von der Bühne aus immer anleiten muss. Das kann natürlich ganz unterschiedlich geschehen, z. B. durch die Lieder, durch Texte, durch einen Blick, durch Bewegungen, Moderationen, u. v. m. Aber es ist die erste Aufgabe, wenn man auf der Bühne steht.

In der Lobpreiszeit wissen Besucher des Gottesdienstes oft nicht, was sie tun dürfen. Niemand möchte dumm da stehen. Das fängt schon mit dem Klatschen oder dem Aufstehen an. Es ist deine Aufgabe als Lobpreisleiter, das Publikum mit deinem Team anzuleiten. Dies geschieht auch durch die Ansagen im Lobpreisteil.

Es gibt fünf unausgesprochene Erwartungen von einem Publikum, die auch im Gottesdienst zum Tragen kommen:

Der Zuhörer will …

- deine Sprache verstehen (Benutze keine Fremd- oder Fachsprache, z. B. Fromm-Deutsch, theologische Fachbegriffe, etc.).
- in seinem Selbstwertgefühl nicht verletzt werden.
- mit seinen Fragen und Einwänden vorkommen.
- ernst- und wahrgenommen werden.
- sich nicht langweilen.

Das klingt zunächst wie etwas, was allen stets klar wäre. Wer hält sich denn nicht daran? Doch mir ist aufgefallen, dass viele dieser Punkte gerade beim Anleiten einer Lobpreiszeit nicht beachtet werden. Dabei meine ich nicht unbedingt den Punkt, dass sich die Leute nicht langweilen wollen. Denn das kann ja manchmal aufgrund unterschiedlicher Interessen und Geschmäcker auch subjektiv sein.

Sprache verstehen

Leider passiert es wirklich oft, dass die Akteure auf der Bühne während des Worshipteils auf einen völlig anderen Sprachschatz umsteigen. Alles wird sehr fromm und z. T. auch geschwollen ausgedrückt. Wenn man als Gast dazu kommt, wird man nur die Hälfte verstehen. Auch für junge Christen wird dieses Sprachvokabular Fragen aufwerfen. Doch ich bezweifle auch, dass das von dem restlichen Publikum wirklich verinnerlicht und verstanden wird. Dazu ein paar Beispiele:

- „Wir kommen vor deinen Thron."
  Wo steht denn dieser? Warum sind wir da erst jetzt?
- „Im Blut gewaschen."
  Klingt eher eklig. Wie kann man etwas mit Blut waschen? Warum?
- „Lamm Gottes, Löwe aus dem Stamme Juda"
  Was sind das für Tiere?
- „Lobpreis, Worship"
  Was heißt das?
- „Sühneopfer, Cherubim, Brot teilen, Herrlichkeit"
  Was war das noch gleich?

Versuche Begriffe und eine Sprache zu wählen, die alle Besucher im Gottesdienst verstehen können. Man kann mit Nebensätzen bestimmte theologische Begriffe kurz erklären oder auch ggf. ganz weglassen. So kann man etwas ausdrücken und die Menschen in eine gemeinsame Zeit mit Gott leiten.

Selbstwertgefühl nicht verletzen

Das tut doch nun wirklich niemand, oder? Leider habe ich schon oft erlebt, dass die Zuschauer von der Bühne herunter herumkommandiert wurden. Sicher nicht immer mit Absicht, aber dadurch bleibt beim Publikum kein guter Eindruck bestehen. Auch hier ein paar Beispiele:

- „Jetzt steht mal alle auf!" - Besser als Einladung formulieren: „Lasst uns doch gemeinsam aufstehen. Wer mag, der stehe doch zu dem Lied auf …"
- „Das geht aber noch besser/lauter/etc.!" - Besser die Leute motivieren – nicht tadeln!
- „Hebe deine Hände zu Gott!" - Auch hier als Einladung und nicht als Kommando formulieren.

Sicher macht auch in diesem Fall „der Ton die Musik". Aber lass den Leuten stets die Freiheit, deiner Anleitung nachzukommen oder nicht.

Tritt auch nicht belehrend auf. Dies kann durch eine falsche Einstellung schnell hervorgerufen werden („Ich sag euch endlich mal, was ich alles weiß und wie es wirklich geht!"). Lade die Leute zu etwas ein und beziehe dich immer mit ein („Mir geht es so…"; „Lasst uns…"; „Ich möchte es lernen…").

Fragen und Einwände

Bringe gerne auch mal gewisse Einwände zur Sprache. So kannst du z. B. Abläufe oder Aktionen erklären. Beispielsweise kann man die Frage aufwerfen: „Warum stehen so viele auf, wenn sie Gott anbeten und Lieder singen?". Das ist eine berechtigte Frage, die man einfach erklären und aufgreifen kann. So wird der Zuschauer entspannter, weil er sich verstanden fühlt.

Ernst- und wahrgenommen werden

Es kann passieren, dass auf der Bühne eine wunderbare Band spielt und sie eine tolle Zeit mit Gott hat. Aber auch nur sie! Denn sie nehmen das Publikum kaum bis gar nicht wahr und interagieren auch nicht mit ihm. Hier möchte ich das noch einmal betonen: Es geht nicht in erster Linie darum, dass das Musik-Team eine tolle Lobpreiszeit hat, sondern die Gemeinde als Ganzes.

Du merkst, dass diese Erwartungen wirklich leicht übersehen werden können. Versuche bei deinen Auftritten und deinem Dienst diese Punkte zu beachten. Man kann es auch auf einen Punkt bringen: Liebe Gott – und liebe dein Publikum!

Zuerst möchte ich ein paar allgemeine Infos zu den Ansagen bei einem Lobpreisblock und danach ein paar praktische Tipps weitergeben.

- Gehe nicht davon aus, dass die Leute wissen, was passiert oder wie sie sich verhalten sollen. Bedenke das bei deinen Formulierungen.
- Führe die Leute klar bei Aktionen, z. B. wenn sie aufstehen oder sich hinsetzen sollen, ohne sie zu kommandieren. Formuliere dies als Einladung.

- Je langsamer du sprichst, desto beruhigender und überlegter kommt es bei den Zuschauern an. Je schneller man spricht, desto energischer und begeisterter wirkt dies. Dies kann man bewusst nutzen. Allgemein ist es angebracht, dass man etwas langsamer spricht, damit man von allen gut verstanden wird.
- Variiere auch deine Tonhöhe: Ist sie tief, wirkt dies entspannt und angenehm. Wird deine Stimme höher, kann es sehr begeisternd rüberkommen. Eine hohe Stimmhöhe sollte aber nur ab und zu benutzt werden, da es sonst für alle Beteiligten eher unangenehm wird. Finde auch deine natürliche Sprechstimme und nutze sie.
- Von der Lautstärke sind es gerade die leisen Töne, die alle sehr bewusst und konzentriert verfolgen. Es wirkt dadurch intim und an den Einzelnen gerichtet. Wirst du mit deiner Stimme lauter, geht es an alle und ist eher eine Aufforderung.

Die Anzahl der Ansagen zwischen den Liedern in einem Gottesdienst kann man unterschiedlich gestalten. Die Frage ist natürlich auch: Wie viele sollte man machen? Ist es zu viel, wenn man zwischen jedem Song etwas sagt?

Erfahrungsgemäß ist es zu viel, wenn man zwischen allen Liedern etwas sagt, betet oder liest. Je nach Art des Lobpreises und der Kirche variiert dies natürlich. Aber ich möchte dir Mut machen, nicht ständig etwas zu sagen, sondern die Übergänge auch anders zu nutzen (z. B. musikalisch gut überzuleiten). Es gibt den schönen Satz: Der Prediger predigt, der Worship-Leiter singt. Nutze deine Ansagen bewusst. Sage etwas oder sage auch gerade nichts, weil es genau richtig ist – und nicht aufgrund deiner eigenen Unsicherheit oder fehlender Vorbereitung.

Hier ein paar Beispiele und Tipps, wie du verschiedene Ansagen gestalten kannst:

- Bereite jede Ansage vor. Überlege dir rechtzeitig, was du wie und vor allem warum weitergeben möchtest. Was bezweckst du mit deiner Ansage?
- Begrüße die Zuschauer immer so, dass sich auch Erstbesucher willkommen fühlen.
- Bringe persönliche Beispiele und Erfahrungen in deine Überleitungen mit ein. Was bedeutet dir ein bestimmtes Lied/ein Vers/etc.?
- Sei dir bewusst, dass die Leute dich persönlich auf der Bühne spüren möchten. Darum zeige auch bei den Ansagen Gefühle und erzähle darüber, WIE etwas für dich ist/war.
- Greife Liedzeilen oder Passagen auf. Dies kann unterschiedlich aussehen: Von dem Lied gehst du zu einem Bibeltext über; du greifst den Vers in einem Gebet auf; du leitest zu dem Text im nächsten Lied über usw.
- Gestalte mit deinen Ansagen bewusst die Atmosphäre. Was möchtest du für eine Atmosphäre kreieren? Positiv, ausgelassen, auffordernd, tief bewegend, motivierend, ruhig, still usw.
- Auch Zeiten der Stille musst du anleiten (z. B.: „Lasst uns ein paar Momente still werden …“).
- Nach der Predigt greife keinen neuen Punkt auf, sondern vertiefe nur die Hauptaussage (weniger ist mehr).
- Rede nicht zu viel und zu lange. Beachte die Zeit, die für den gesamten Worshipblock vorgesehen ist.
- Lese auch mal Bibelverse vor. Diese sollten hinführend zu dem Lied/Lobpreisteil/Thema des Gottesdienstes/etc. sein.

Übung: Songeinleitung
Überlege dir eine Einleitung zu einem schnellen/dynamischen Worshipsong. Schreibe diese auf einen extra Zettel auf.

Überlege dir eine Einleitung zu einem ruhigen Worshipsong. Schreibe auch diese auf ein Blatt Papier auf.

Im Anhang findest du noch weitere Übungen. Nutze diese Aufgaben auch zusammen in deinem Team.

Interaktionen
Zu dem Bereich Ansagen gehören auch Interaktionen mit dem Publikum. Diese müssen eindeutig, klar, einfach und selbstbewusst ausgeführt werden, damit das Publikum sie unterstützt. Typische Formen sind „Call and Response" („Eyo!" – „Eyo!") oder auch Frage und Antwort („Seid ihr gut drauf?" – „Ja!"). Durch diese Aktionen kannst du das Publikum aktivieren. Je nach eigenem Typ können solche Interaktionen unterschiedlich aussehen. Hier ein paar Beispiele:

- „Seid ihr (alle) da?!" – „Ja!"
- „Möchtet ihr noch einen Song?" –„Ja!"
- „Wer ist unser Retter/Helfer/Herr/Freund/...?" – „Jesus!"

Je nach Stimmung kann eine Interaktion gewählt werden und den gesamten Lobpreisblock unterstützen. So können auch klare und einfache Ja-/Nein-Fragen formuliert werden. Denn so wird eine größere Beteiligung des Publikums gewährleistet.

Wenn du deine ganze Vorarbeit gemacht hast und dann

auf der Bühne stehst, gibt es noch einen wichtigen Punkt zu beachten: Sei locker! Es bringt nichts, wenn du dich verkrampfst und dir dann selber im Weg stehst. Sicherlich musst du dich sehr gut vorbereiten, proben, auswendig lernen und vieles mehr. Wenn du dann auftrittst, kannst du dies abrufen. Dabei sei einfach entspannt. Auch wenn manche Punkte nicht 100-prozentig so ablaufen, wie du es dir gewünscht hast. Aber dadurch zeigst du eine Natürlichkeit, die andere begeistert.

Die nächsten Schritte

Besprecht im Team folgende Fragen:

- Wie sind bis jetzt eure Ansagen im Lobpreisteil gestaltet?
- Wie empfindet ihr diese?
- Sind die Ansagen unterstützend, hinführend, entscheidend, überflüssig?
- Fällt es dir als Lobpreisleiter einfach oder schwer, auf der Bühne etwas zu sagen?
- Wie könntet ihr die Ansagen konkret für eure Kirche gestalten?
- Wie könnten Interaktionen in eurem Gottesdienst gestaltet werden?

Überlege dir für einen konkreten Lobpreisteil anhand der Tipps verschiedene Ansagen und bespreche sie vorab mit deinem Team. Wie wirken diese auf euch?

Nutzt die verschiedenen Übungen (siehe auch „Praktische Übungen“).

7

PRAKTISCHE THEMEN

Praktische Themen

Hier findest du unterschiedliche Punkte, die im Rahmen eines Musik-Teams in einer Kirche erwähnenswert sind.

Umgang mit Lampenfieber

Wenn man auf der Bühne steht und vor Menschen spricht, singt oder musiziert, ist es normal, dass man in gewisser Weise angespannt ist. Eine leichte Anspannung ist auch gut, denn dadurch ist man sich seiner Aufgabe sehr bewusst und hellwach.

Schlägt diese Anspannung aber in echtes Lampenfieber um, wird es eher zum Albtraum. Das Herz schlägt bis zum Hals, die Hände schwitzen, die Knie werden weich und man möchte am liebsten ganz woanders sein. Vielleicht kämpft man mit diesem unschönen Gefühl nicht immer in seiner stärksten Form, jedoch kann es einen gerade dann plagen, wenn man mit dem Musizieren auf der Bühne beginnt. Was tun?

Zum einen wird mit wachsender Erfahrung und durch die positive Routine das Lampenfieber mit der Zeit verschwinden. Zum anderen kann man ihm auch aktiv entgegenwirken, damit man für die Bühne und seine Aufgabe bereit ist.

Der Körper kann grundsätzlich nur einen Schmerz, eine Anspannung bewusst wahrnehmen. So kann man das Lampenfieber abbauen, indem man z. B. die Zehen krümmt, hält und dann wieder löst. Das sieht niemand und es hilft, die innere Anspannung zu verringern. Bevor du auf die Bühne gehst kannst du auch die Hände zu Fäusten ballen, halten und wieder lösen. Ebenso kann es sehr hilfreich sein, vor dem Auftritt Lockerungsübungen zu machen. Auch dadurch kann sich negative Spannung im Körper abbauen. Durch die Bewegung kann sich der Körper entspannen und den Stress verringern.

Wenn man aufgeregt ist, kann es helfen, sich nicht auf seine Gefühle zu konzentrieren, sondern auf das zu spielende Lied: Worum geht es in dem Song? Welche Gefühle und Inhalte werden dort ausgedrückt? So wird der Fokus von der eigenen Nervosität zu den Emotionen gelenkt, die das Lied auslöst. Dafür ist natürlich eine gute Vorbereitung wichtig.

Es ist normal, dass sich auf dem Hintergrund mangelnder Erfahrung Lampenfieber einstellt. Das ist nicht schlimm oder gar ein Problem. Man kann daran arbeiten und sich entspannen. Gerade in Bezug auf das Lampenfieber möchte ich noch einmal auf die Identität eingehen. Egal, was du tust, welche Fehler dir passieren oder wie du dich verhältst: Gott liebt dich und nimmt dich an, so wie du bist. Das darf und soll dir Sicherheit und Stärke für deine Aufgabe geben. Mach dir das stets bewusst. Gott hat dir Gaben und Fähigkeiten gegeben und du setzt sie für ihn im Rahmen eines Gottesdienstes ein. Welch ein Vorrecht und Geschenk! So kannst du positiv entspannt sein.

> *Tipp*: Wenn du Lampenfieber vor deinem Auftritt hast, dann lasse es zu und verdränge es nicht. Erkenne und bejahe dein Lampenfieber und gehe dann ganz ruhig Schritte, um die Spannung durch z. B. oben genannte Aktionen abzubauen.

Kurz zusammengefasst

- Du darfst auch mal Lampenfieber haben.
- Krümme deine Zehen und löse sie wieder, um Spannung abzubauen.
- Mache vor deinem Auftritt Lockerungsübungen.
- Schaue mehr auf die Emotionen des Liedes, als auf deine eigenen.
- Sei gut vorbereitet.
- Mache deinen Selbstwert nicht an deinem Auftritt fest.

Die nächsten Schritte

Besprecht im Team folgende Fragen:

- Wie gehst du mit Lampenfieber um?
- Was löst dies konkret bei dir aus (körperlich, gedanklich, etc.)?
- Was sind die konkreten Gründe für deine Anspannung?

Umgang mit Feedback

Wenn Personen auf dich zukommen und dich loben, bestätigt das deine Begabung für diesen Bereich. Sei froh darüber und dankbar dafür. Begegne diesem Lob einfach mit einem „Danke“. Unterlasse solche Floskeln wie: „... nicht ich, der Herr...“, oder: „... danke mir nicht, das habe ich doch gerne gemacht ...“. Nimm dankbar ein lieb gemeintes Lob an und freue dich darüber. Sei dir aber bewusst, dass du einen Dienst in einer Kirche übernommen hast, der öffentlich und somit in der Gemeinde sehr präsent ist. Das heißt nicht, dass diese Aufgabe wichtiger oder besser wäre als andere. Wertungen sind unangebracht. Bleibe bescheiden und diene Gott und den Menschen. Die Personen auf der Bühne in einem Gottesdienst sind nie die Hauptpersonen, egal wie hoch das Podest steht. Freue dich einfach an dem Lob und danke Gott, dass du deinen Begabungen gemäß leben kannst.

Bleibt Lob aus, heißt das nicht automatisch, dass du keine gute Qualität lieferst. Sehr oft ist es so, dass Leute sich schnell an gute Dinge gewöhnen. Machst du etwas das erste Mal, bekommst du viel Anerkennung. Bist du dann schon länger dabei, bildest dich weiter und bleibst aktiv, wird es weniger beachtet. Lass dich dadurch nicht entmutigen, sondern nimm es einfach so an, wie es ist.

Feedback nicht am gleichen Tag

An dem Tag des Gottesdienstes hast du, salopp ausgedrückt, auf der Bühne „die Hosen heruntergelassen“. Du hast etwas von dir preisgegeben, die Anspannung ist abgefallen und du wünschst dir, dass jeder etwas mitnehmen konnte. Wenn direkt im Anschluss dann ein konstruktives Feedback kommt, ist es sehr schwer, dieses emotional richtig einzuordnen, und sei die Kritik noch so richtig und berechtigt. Versuche dein Umfeld liebevoll dahin zu bringen, dass es dir frühestens einen Tag später ein erstes Feedback gibt. Weise die Leute nett darauf hin, dass du lieber später mit ihnen darüber sprechen möchtest. Vielleicht kann das nicht jeder sofort nachvollziehen, es ist aber für dich als Person eine große Hilfe. Menschen, die auch auf der Bühne stehen, werden das befürworten.

Bist du an einem Tag bei einem weiteren Gottesdienst auf der Bühne, dann kann es nützlich sein, von einem ausgewählten Kreis ein direktes Feedback zu erhalten. Dieses sollte aber auf die tatsächliche und praktische Umsetzbarkeit an diesem Tag beschränkt sein.

Begrüße Feedback

Sieh eine konstruktive Kritik als deinen Freund an. Du kannst daran und damit wachsen und vorankommen. Wäge das Feedback ab und weise es nicht sofort zurück. Du musst nicht zu jeder Rückmeldung Stellung beziehen. Bedanke dich für ein ehrliches Feedback und mache dir darüber Gedanken. Ist die Information berechtigt oder richtig, versuche darauf einzugehen.

Eine Hilfe ist es, sich ein paar Leute zu suchen, die dir regelmäßig Feedback geben. Beachte dabei, dass es nicht nur Personen sind, die alles immer toll finden oder immer alles genau so sehen wie du. Für dich kann es zum großen Vorteil werden, wenn du unterschiedliche Wahrnehmungen hörst und weißt, dass die Personen hinter dir stehen. Hole dir auch konkret Feedback von einzelnen Personen, indem du sie darum bittest, dir zu einem bestimmten Auftritt eine Rückmeldung zu geben.

Geh mit Kritik weise um. Nimm das, was dich voranbringt, ernst. Wenn Personen dir etwas sagen, das du nicht bejahen kannst, selbst nachdem du es geprüft hast, versuche das Gesagte einfach zu vergessen. Bist du dir unsicher, frag deinen Pastor oder auch deine Freunde, wie sie das sehen. Denn das Ziel ist ja, sein Bestes zu geben und zu wachsen.

Tipps für den Feedbackgeber:

- Beurteile und äußere dich zum Gesamteindruck.
- Sage etwas Positives.
- Erkenne immer Bemühungen und Einsatz an.
- Formuliere deine Kritik in „Ich"-Botschaften („Auf mich wirkt es …").
- Vermeide Übertreibungen und negative Vergleiche.

Die nächsten Schritte

Besprecht im Team folgende Fragen:

- Bist du für ehrliches Feedback dankbar?
- Was löst ein Feedback (positiv/verbesserungswürdig) aus?
- Wie kannst du es einführen, dass das Feedback nicht am selben Tag gegeben wird?
- Welche Personen könnten dir regelmäßig Rückmeldung geben?
- Wie gehst du mit sehr kritischem Feedback um?
- Was empfindest du, wenn Leute dir eine Rückmeldung zu deinem Auftritt geben?
- Wie kannst du ein Feedback prüfen?
- Wie sieht eure Feedbackkultur im Team aus?

Umgang mit Schwierigkeiten

Es können immer wieder verschiedene Probleme im Rahmen des Musik-Teams in einer Kirche auftreten. Anbei ein paar kurze Gedanken zu den jeweiligen Themen. Diese sollen nur als Anstöße dienen und verstehen sich nicht als vollständige Abhandlung der Themen.

Die Gemeinde kommt bei der Lobpreiszeit im Gottesdienst „nicht mit".

Versuche die Leute dort abzuholen, wo sie gerade sind. Überlege dir, aus was für einem Umfeld oder aus welcher Situation sie im Moment kommen. Lass dieses Wissen in deiner Anleitung mit einfließen.

Sorge auch dafür, dass du dein Publikum nicht überforderst. Denn je nach Ausrichtung können bestimmte Aktionen sehr ungewohnt für die Kirche sein.

Ein weiterer Punkt könnte auch sein, dass dein Publikum dich als Lobpreisleiter nicht genügend „spürt". Achte auf deine innere und äußere Wirkung bei der Lobpreiszeit.

Hilfreich können auch kurze Inputs, Teachings oder Predigten zum Thema Lobpreis sein. Verständige dich diesbezüglich mit deinem Pastor.

Vermeide eine negative Einstellung gegenüber deinem Publikum („Die wollen einfach nicht mitziehen!"), sondern suche nach Wegen, wie du es gewinnen kannst.

Wir haben Schwierigkeiten im Team (musikalisch, charakterlich, geistlich).

Nutze ein gemeinsames Treffen mit deinem Team, um die Schwierigkeiten offen anzusprechen. Plant dafür Zeit ein und behandelt das Problem nicht einfach so „zwischendurch".

Versucht gemeinsam die Punkte klar zu benennen und sammelt Lösungsvorschläge. Manchmal kann es auch helfen, sich Unterstützung von außen zu holen. So kann z. B. ein Mentor oder Coach eine Situation neutraler beleuchten und Hilfe anbieten.

Übergehe keine grundsätzlichen Schwierigkeiten. Sie lösen sich nicht von alleine.

Der Stil des Lobpreises in der Kirche entspricht mir nicht.
Als Musiker hat man Vorlieben und es gibt Musikstile, die das Herz mehr aufblühen lassen als andere. Wenn der durch die Gemeindeleitung angestrebte Lobpreisstil nicht deinem persönlichen Geschmack und deiner Art und Weise entspricht, diene trotzdem mit deinen Gaben und ordne dich ein. Du kannst der Gemeindeleitung deine Ideen und Anregungen gerne vorschlagen und anbieten. Achte dabei jedoch darauf, dass du ihnen deine Vorschläge als Option anbietest und die Entscheidung ihnen überlässt (Sage nicht: „Wenn nicht, dann gehe ich …").

Denke daran: Man kann Gott auf so viele unterschiedliche Arten anbeten. Lasse dich darum auf die verschiedenen Möglichkeiten ein und konzentriere dich auf den Inhalt.

Wir haben öfters musikalische Schwierigkeiten auf der Bühne.
Versuche die Wurzel des Problems zu definieren. Was genau machen die Schwierigkeiten auf der Bühne aus und wodurch entstehen sie? Ist es das Timing? Spielen einzelne Musiker falsch? Betrifft es die Kommunikation? Die Vorbereitung? Habt ihr zu wenig Zeit oder beginnen die Proben unpünktlich? Erst nachdem ihr das Problem lokalisiert und definiert habt, könnt ihr euch gemeinsam konkrete Ziele stecken, die ihr als Team erreichen wollt (Was, bis wann, wer und mit welchen Schritten?).

Wir bekommen die Rückmeldung, dass wir durch die Planung „den Heiligen Geist dämpfen" würden.
Diese Aussage kann unterschiedliche Gründe haben. Zum einem kann es sein, dass in der Gemeinde eine falsche Vorstellung vorherrscht: Gott kann nur auf eine Art und Weise wirken – nämlich spontan. Versuche der Kirche gemeinsam mit dem Pastor zu vermitteln, dass Gott sowohl mit einer guten Planung als auch spontan wirken kann und das eine das andere nicht ausschließt.

Ein anderer Grund könnte sein, dass für das Publikum alles auf der Bühne zu „statisch" wirkt und die Songs sowie der gesamte Lobpreis zu wenig „mit Leben gefüllt" erscheinen. Achte darum auf deine Vorbereitung (innere/äußere Wirkung), deine Authentizität und natürlich deine geistliche Ausrichtung.

Ich fühle mich überfordert, die Gemeinde im Lobpreis anzuleiten.
Spreche über diesen Punkt mit deinem Pastor und bleibe mit ihm im Gespräch darüber. Versuche auch hier, das Problem genauer zu definieren. Warum fühlst du dich überfordert? Welche Gründe kannst du benennen (z. B. musikalische, geistliche, Unsicherheit, Team, Verantwortung, Selbstwert, Erwartungen von Team/Kirche/Leitung usw.)? Welche Schritte könntest du gehen, damit diese Punkte sich ändern?

Auch hier ist die Unterstützung durch einen Mentor/ Coach wünschenswert.

Ein Teil der Gemeinde möchte Orgelmusik, der andere Teil eine Band.
Bei diesem Punkt ist die Unterstützung der Gemeindeleitung wichtig. Denn die grundsätzliche Musikform sowie die Art

und Weise der Umsetzung im Gottesdienst sollte von ihr definiert sein. Prinzipiell ist es wünschenswert, dass man mit der Gemeinde im Gespräch bleibt. So kann man durch Ansagen im Musik-Teil die Leute für die jeweils gewählte Art der Musik bewusst abholen. Auch das verbinden verschiedener Musikarten kann möglich sein. So könnte man z. B. ältere Choräle mit einer Band neu arrangieren.

Beachte diese Punkte: Spreche mit der Leiterschaft und der Gemeinde. Achte darauf, eine Gruppe der Gemeinde nicht negativ zu sehen oder so über sie zu denken („Ach, die schon wieder!").

Der Musikteil im Gottesdienst ist vielen zu laut.
Es ist wünschenswert, dass die Lautstärke der Musik im Gottesdienst von der Gemeindeleitung definiert wird. Damit ist eine grobe Ausrichtung gemeint. Dadurch haben die Techniker und Musiker einen starken Rückhalt. Interessant in diesem Zusammenhang ist, dass Männer sich die Musik im Gottesdienst häufig eher lauter wünschen.

Für Leute, denen es zu laut ist, kann der liebevoll ausgesprochene Hinweis sich in dieser Zeit etwas weiter entfernt von den Lautsprechern aufzuhalten, hilfreich sein. Wichtig ist es, auch bei diesem Thema im Gespräch zu bleiben und Kritik nicht einfach abzukanzeln („Die haben aber auch immer und mit allem ein Problem …").

Wir bekommen die Rückmeldung, dass der Worship aus zu viel Show und zu wenig echtem Lobpreis besteht.
Dieser Punkt kann ganz unterschiedlich betrachtet werden. Denn für manche ist es schon eine Show, wenn Scheinwerfer die Musiker beleuchten. Auch hier empfiehlt es sich, im Gespräch mit dem Pastor zu sein. Welche Ausrichtung hat die Kirche grundsätzlich und welche spezifisch bzgl. der Lobpreiszeit? Wünscht sich eine Kirche Qualität und Gottesdienste am Puls der Zeit, sind viele Punkte, die kritisiert werden, heutzutage eine normale Art der Kommunikation von einer Bühne.

Natürlich kann man auch bewusst Phasen in der Lobpreiszeit einplanen, die „unplugged" gestaltet werden. So können die Leute sich selbst besser singen hören, die Atmosphäre wirkt intimer u. v. m.

Wichtig bei diesem Punkt finde ich die Ausrichtung der Gemeinde. Denn dabei geht es um die grundsätzliche Frage, WIE die Gemeinde Glauben ausleben und vor allem ausdrücken möchte.

Die Band/die Sänger möchten die Musikstücke nicht auswendig spielen.
Mache den Musikern die Vorteile und den Nutzen bewusst, wenn sie auswendig spielen und singen: Größere Freiheit und Sicherheit, bessere Kommunikation, zeitgemäßer Vortrag, professionelleres Auftreten, stärkere Betonung der Aussage eines Liedes, da man sich ausführlicher mit dem Lied befasst hat usw.

Beachte auch, dass man sich auf eine gute Planung und ein festes Repertoire verlassen kann.

Was mache ich, wenn mir ein Fehler auf der Bühne passiert?

Nimm Fehler grundsätzlich mit Humor. Hast du z. B. deinen Liedtext vergessen, dann versuche einfach wieder in den Song reinzukommen, ohne verwirrt um dich zu schauen. Vielen steht es förmlich ins Gesicht geschrieben, wenn sie einen Fehler gemacht haben. Doch oft wird er erst dadurch auch für die Zuschauer ersichtlich. Mache einfach weiter und nimm es locker. Du musst dich nicht von der Bühne aus entschuldigen.

Handelt es sich um einen Fehler, der sehr offensichtlich ist und der z. B. die ganze Band durcheinanderbringt, mache ihn mit Humor noch offensichtlicher. Beispiel: Als Gitarrist hast du völlig falsche Akkorde gegriffen. Die Band muss den Song zwar nicht abbrechen, aber jeder im Publikum hat es bemerkt. Dann drehe dich vielleicht noch einmal extra im Kreis, lache das Publikum an und fange so deine „Panne" durch Heiterkeit auf. Das entspannt dich und wirkt auf die Zuschauer sympathisch und menschlich.

Wenn ihr als Band aufgrund eines Fehlers einen Song abbrechen müsst, solltest du die Schwierigkeit nicht wortlos übergehen, sondern sie mit einem humorvollen Satz kommentieren. Indem du auf diese Weise auch zu Fehlern stehst, zeigst du deine Herzenseinstellung und schaffst eine lockere Atmosphäre.

8

WIE FANGE ICH JETZT AN?

Wie fange ich jetzt an?

Du hast jetzt vieles gelesen und sicherlich Ideen bekommen. Manches erscheint dir vielleicht sofort umsetzbar und anderes wiederum in so weiter Ferne, dass es fast unrealistisch erscheint. Ich möchte dir Mut machen, einzelne Impulse für dich oder dein Team herauszunehmen und einfach damit zu beginnen. Viele Punkte sind sehr ausführlich beschrieben, was dich aber in keiner Weise entmutigen sollte. Ich bin davon überzeugt, dass allein die Tatsache, dass du dieses Buch gelesen hast, positive Auswirkungen auf deinen Dienst und dein Team in deiner Kirche haben wird.

Idee 1:

Du kannst das Buch zusammen mit deinem Team durcharbeiten und die jeweils weiterführenden Fragen nutzen und die Übungen umsetzen. So kannst du Stück für Stück die Themen im Buch für deinen und euren Dienst erarbeiten.

Idee 2:

Eine weitere Möglichkeit ist, dass du du dir ganz gezielt bestimmte Punkte herauspickst, diese aufschreibst und dann entsprechende Schritte gehst. Man kann nicht alles auf einmal umsetzen. Aber es ist erstaunlich, was man bereits in einem halben Jahr schaffen kann.

Schreibe jetzt einmal in Stichworten die Punkte auf, die dir aus dem Buch gut in Erinnerung geblieben sind:

Sehr wahrscheinlich sind es genau die Punkte, auf denen dein Fokus für deinen Dienst in der Kirche liegt. Überlege dir nun für drei bis fünf der Themen einzelne Schritte, mit denen du sie in deinem Team umsetzen könntest:

Idee 3:
Jedes Musik-Team ist unterschiedlich und steht an einer anderen Stelle. Aus diesem Grund kann man keine 100-prozentig sichere Empfehlung für eine optimale Vorangehensweise bezüglich der Umsetzung geben. Ich möchte nur auf zwei Punkte hinweisen, die einen großen Unterschied machen:

- Besprecht für euer Team eigene Werte. Denn dadurch erreicht ihr ein gutes Miteinander.
- Gehe für eure Songs nach und nach die Zusammenfassung der Liedinterpretation durch.

Mit diesen beiden Themen wird bereits für einen sehr großen Bereich gesorgt. Darauf aufbauend kannst du Schritt für Schritt weitere Punkte angehen und umsetzen.

Es ist ein großes Geschenk in einer Kirche mit seinen Gaben und Fähigkeiten Gott und anderen Menschen dienen zu können. Gott möchte dich mit deiner Art, deiner Kreativität, deinen Gaben und deinem Herzen gebrauchen, um sein Reich zu bauen. Er möchte dies mit dir gemeinsam tun. Denn nicht ohne Grund hat dich Gott befähigt und begabt. Gott hat sich entschieden, dies nicht alleine zu machen, sondern mit jedem einzelnen von uns. Das zeigt seine Liebe zu dir und mir.

Ich möchte dir von Herzen Mut machen: Setze deine Gaben, dein Herz und deine Liebe zu Gott ein, um eine Kirche zu gestalten, in der Menschen Gott finden und aufblühen!

9

PRAXIS-ANHANG

Praxis-Anhang

Übungen

Übungen für die innere Wirkung eines Liedes

Übung: Psalm-Lesung
Um die Emotionen, die in einem Liedtext stecken, zu entdecken und sie herauszuarbeiten, empfiehlt sich eine Psalm-Lesung. Diese Übung ist sehr gut für ein Team geeignet, da man voreinander performt und dabei lernt, aus sich herauszukommen.
Lies zunächst einen Psalm durch und kennzeichne dir die verschiedenen Emotionen für die jeweiligen Passagen und Verse. Danach lies ihn laut vor und stelle die Emotionen besonders heraus. Ist z. B. der Psalmist wütend, dann werde sehr laut und ebenfalls wütend beim Lesen; ist er traurig, werde leise und weinerlich; ist er empört über eine Situation, drücke auch das mit deiner Stimme und Körperhaltung aus usw. Es ist auch möglich, die „Geschichte" hinter dem Psalm bzgl. der „inneren Wirkung" stärker herauszuarbeiten.
Mögliche Emotionen (natürlich sind auch Unterbegriffe oder Abwandlungen möglich): Interesse, Leid, Widerwillen (Aversion), Freude, Zorn, Überraschung, Scham, Furcht, Verachtung, Schuldgefühl, Fröhlichkeit, Wut, Ekel, Traurigkeit.
Diese Übung hilft dir, die Emotionen in einem Liedtext zu entdecken und auszudrücken. Zudem soll sie dir helfen, mehr aus dir herauszukommen. Das Ziel ist, den Text/das Lied von seiner Botschaft her optimal zu kommunizieren und sich selbst zurückzunehmen.
Ideen für die Psalm-Lesung: Psalm 17; 22; 23; 54; 62; 70

Übungen für die äußere Wirkung eines Liedes

Übung: Übertriebenes Staging

Bei dieser Übung performe einen Song auf übertriebene Weise. Nicht künstlich, aber aufgrund der „inneren Wirkung" sehr stark ausgeprägt und theatralisch. Jeder Hauch einer Emotion sollte stark zu spüren und zu sehen sein.
Anschließend performe das gleiche Lied noch einmal „normal" mit deiner „inneren Wirkung".
Ziel der Übung ist es, eine für die Bühne angenehme und für das Publikum erkennbare Performance zu erreichen.

Übungen bezüglich der Persönlichkeit

Übung: Ablenkung

Ein Sänger oder Instrumentalist performt ein Lied auf der Bühne und ein anderer lenkt ihn ab. Sei es durch demotivierende Sätze, die man der Person während der Performance ins Ohr sagt („Konzentriere dich! Achte auf die anderen! Was denken die Leute jetzt über dich!" usw.) oder durch ein Radio, das spontan an- und ausgeschaltet wird (oder Ähnliches).
Ziel ist, mit Störungen und auch eigenen negativen Gedanken besser umgehen zu lernen und sich nicht von der Performance abbringen zu lassen. Diese Übung sollte man im Laufe der Zeit öfters wiederholen, um sicherer zu werden.

Übung: Scheitern

Diese Übung sollte bewusst im Team gemacht werden. Suche dir ein Lied heraus, welches du nicht singen oder spielen kannst bzw. in dem es für dich sehr schwierige Parts gibt. Trage das

Lied deinem Team vor. Trau dich! Und habe Mut, zu scheitern.
Ziel der Übung ist es, den Mut zu bekommen, loszulassen und sich selbst als Person nicht so wichtig zu nehmen. Wenn man nicht lernt, dass man Fehler machen und Scheitern darf, besteht die Gefahr, nicht authentisch zu sein und nicht weiterzukommen (musikalisch, fachlich, geistlich, charakterlich usw.). Hilfreich kann auch der anschließende Austausch sein.

Übung: Die Freiheit, sich zum Deppen zu machen
Wenn man auf der Bühne steht, muss man nicht nur lernen loszulassen, sondern man darf auch keine Angst haben, sich zu blamieren.
Folgende Übung soll einen Beitrag dazu leisten, die eigenen Peinlichkeits-Grenzen zu überwinden und mutig die persönliche Komfortzone zu verlassen: Die Teilnehmer gehen hintereinander in einem Kreis herum. Der Übungsleiter ruft einen Tiernamen, den die Teilnehmer dann möglichst realistisch nachmachen sollen (für ca. eine Minute). Dann folgen weitere Tiere. Anschließend kann die Gruppe noch aufgeteilt werden. Jede Gruppe ahmt nun ein bestimmtes Tier nach. Der Leiter kann nun weitere Interaktionen anleiten: So sollen z. B. die Affen und Schlangen einander begrüßen; die Löwen und Adler einen Kampf ausfechten usw.
Diese Übung kostet den einen oder anderen große Überwindung und vielen erschließt sich nicht sofort der Sinn. Je nach Gruppe kann man vorab den Zweck der Übung deutlich machen.
Ideen für mögliche Tiere zum Nachahmen: Affe, Löwe, Schlange, Huhn, Adler, Hyäne, Seelöwe, Möwe, Esel usw.

Übungen für Ansagen

Übung: Überleitungen

Überlege dir eine Überleitung von einer Predigt mit dem Thema „Gottes Liebe“ zu einem Lied (Stimmung: ruhig und tief).

Überlege dir eine Überleitung von einer Predigt mit dem Thema „Mache einen Unterschied“ zu einem Lied (Stimmung: herausfordernd).

Überlege dir eine Überleitung von einer Predigt mit dem Thema „Gottes Güte und Gnade“ zu einem Lied (Stimmung: freudig und positiv).

Übungen für allgemeine Themen

Übung: Reagiere auf dein Publikum

Das Publikum kann jedes Mal unterschiedlich in einen Gottesdienst hineingehen und auf euch als Musik-Team reagieren. Darauf kannst du dich vorbereiten. Überlege dir, was du zu den folgenden Reaktionen sagen und wie du körperlich agieren könntest (Bewegungen, Schritte, Mimik usw.). Durch diese Überlegungen bist du besser für ähnliche Situationen vorbereitet. Nehmt euch im Team für diese Übung zunächst jeder für sich alleine Zeit und tauscht euch danach aus.

Aktion vom Publikum	**meine Reaktion - Worte, Performance, usw.**
Starrt dich an	
Scheint gelangweilt	
Wirkt passiv	
Ist abgelenkt	
Wirkt euphorisch	

Reagieren auf Umstände

Auch während eines Gottesdienstes können unterschiedliche Dinge passieren. Gut ist es daher, sich schon vorab über Eventualitäten Gedanken zu machen. Überlege dir deine Reaktion auf die verschiedenen Vorkommnisse und tauscht euch darüber im Team aus. Manche Situationen können in einer Probe auch nachgestellt werden. Dadurch bist du besser vorbereitet und kannst auf der Bühne sicherer reagieren.

Umstand	**meine Reaktion**
Stromausfall	
Die Band „schwimmt" musikalisch (sehr unsicher)	
Der Hauptsänger hat den Text vergessen	
Es entsteht eine längere Pause (Band setzt nicht ein)	
Jemand Fremdes (niemand aus der Kirche) betritt die Bühne	

Fragen zu den Werten[2]

Hier findest du weiterführende Fragen zu dem Thema Werte im Kapitel „Vision und Team“ (2. Beispiel - Seite 45).

Leidenschaft

- Wie werden und bleiben wir Menschen, die ein starkes inneres Verlangen nach Gott haben und ihn von ganzem Herzen suchen?
- Welche Faktoren ermöglichen ein leidenschaftliches Engagement im Musik Team?
- Wie gelingt es uns, mit dem Herzen dabei zu bleiben?

Ermutigung/Gemeinschaft

- Kennen wir einander?
- Wie gehen wir miteinander um?
- Wie schaffen wir Nähe?
- Wie bleiben wir nahbar und persönlich?
- Welche Gemeinschaftskultur haben wir?
- Welcher Spirit herrscht im Musik-Team?
- Welche Feedbackkultur haben wir?
- Werden wir ermutigt und ehrlich gespiegelt?
- Wie können wir uns einbringen?
- Feiern und leiden wir gemeinsam? (Siege feiern, Geburtstage, Feste, Visionstreffen usw.)
- Werden wir getragen, auch wenn es uns schlechtgeht?
- Wie werden wir in Projekte oder Veränderungen einbezogen?
- Welche Kommunikationskultur haben wir?

Gabenorientierung

- Werden die Gaben jeder einzelnen Person im Musik-Team sichtbar?
- Können die Gaben eingebracht werden?
- Wo liegen versteckte Gaben noch vergraben?
- Wie werden Gaben freigesetzt?
- Weiß jede Person, wo ihr Platz im Musik-Team ist?
- Füllt jede Person ihren Platz aus?
- Sind unsere Informationskanäle klar?
- Wer ist für wen verantwortlich? (Bandleiter, Gesangsgruppenleiter, Projektcoach usw.)
- Welche Kompetenzen, Erwartungen, Pflichten, Freiheiten gibt es?

Multiplikation

- Wie multiplizieren wir uns?
- Welche Multiplikationsstrategien verfolgen wir?
- Sind wir offen für neue Leute?
- Fühlen sich alle für die Multiplikation verantwortlich?
- Welche neuen „Gefäße" sind noch zu entwickeln? (Loungeband, weitere Bands, Orchester, Unterricht usw.)
- Wie erreichen Worshipleiter, Gesangsgruppen, Bands und die einzelnen Musiker und Sänger das nächste Level?
- Sind die Grundlagen, professionell zu üben und sich vorzubereiten, gesichert?

Wachstum

- Wie sieht das Klima aus, in dem geistliches und persönliches Wachstum möglich ist?
- Wie wird dieses Klima im Musik-Team geschaffen?
- Wie ist unser geistlicher Herzschlag spür- und erlebbar?

- Welche geistlichen und persönlichen Werte leben wir?
- Sind wir bereit, zusammen und mit jedem Mitglied des Musik-Teams einen Weg zu gehen?
- Welche Faktoren wirken motivationsfördernd?
- Wie bildet sich jeder von uns weiter?

Nachhaltige Worship-Strömung/-Stil

- Welche Faktoren beinhaltet eine nachhaltige Worship-Strömung/-Stil?
- Wie entwickeln wir eine nachhaltige Worship-Strömung/-Stil?
- Wie sprechen wir große Massen an?
- Wo liegt das größte Marktpotenzial?
- Welche Stilrichtungen in Wort und Musik verfolgen wir?
- Wie bringen wir geistliche Tiefe in unseren Worship?
- Leben wir auf und neben der Bühne authentisch?
- Wie steigern wir kontinuierlich die Qualität der verschiedenen Bereiche im Team?
- Wie sehen folgende Punkte aus: Songs, Texte, Arrangements, Abläufe, Visualisierung, Soundbild, Bühnenperformance, Setlist-Flow usw.

Kulturrelevanz

- Wie tragen wir die Kirche in die Stadt?
- Was ist die Musikkultur/Worshipkultur im Land und in Europa?
- Sind wir über die Räume der Kirche hinaus sichtbar?
- Wie wirken wir verändernd in die Kulturszene der Stadt, des Landes, Europas hinein?

Vorlage Liedinterpretation (Kurzform)

1. Schritt: Textarbeit

Was sagt der Text (Grundaussagen)?

Zu wem/für wen wird das Lied gesungen (als Ganzes/Strophe/ usw.)?

Welche Passage ist mir besonders wichtig? Warum?

Welche Emotionen löst der Text bei mir aus?

2. Schritt: Musikalische Arbeit
Welche Emotionen bringt die Musik mit?

Gibt es Auffälligkeiten in der musikalischen Gestaltung und was lösen sie aus?

3. Schritt: Körper-Arbeit
Wie kann ich die vorhandenen Emotionen transportieren?

Was möchte ich aussagen und wie kann ich das durch meine Körperhaltung verstärken?

Literaturnachweis

[1] Noland, Rory: Das Herz eines Künstlers. Asslar: Gerth Medien, 2002. S. 138

[2] ICF Zürich, Music-Ministry

[3] Buchempfehlung Leiterschaft:
Bigger, Leo: Erfolgreich Leiten - Wie man Mitarbeiter gewinnen und fördern kann. Zürich: ICF Books, 2008.

[3] Buchempfehlung Lobpreis (englisch):
Zschech, Darlene: Extravagant Worship. Minnesota: Bethany House Publishers, 2002.

Russel, Michael: Erfolgreich proben. Bergkirchen: PPVMedien GmbH, 2009

Oldengott, Frank; Dye, Simon; Vinícius: Vocal Performance Coach. Bergkirchen: PPVMedien GmbH, 2009

Murrow, David: Warum Männer nicht zum Gottesdienst gehen. Haiterbach-Beihingen: cap-books, 2011

Gallwey, Green: Innergame Musik – Der Mozart in uns. Staufen: allesimfluss-Verlag, 2008

„Vieles wird kommuniziert, noch bevor das erste Wort gesprochen ist."

Gut rüberkommen, authentisch auftreten, natürlich sprechen, wirkungsvoll moderieren – wer im Gottesdienst oder auf einer Bühne optimal kommunizieren will, braucht mehr als gute Worte. Nur wer die „Regeln der Bühne" verstanden hat, kann auf seine ganz eigene Weise ein Publikum begeistern.

„Der Moderations-Trainer" zeigt Schritt für Schritt, wie man Gottesdienste authentisch und zeitgemäß moderieren kann, u. a. durch:

- theologische und inhaltliche Basics zum Thema
- kreative und praxiserprobte Ideen
- klare Schritte für einen authentischen Auftritt
- Wissenswertes zum Thema Bühnenpräsenz und Körpersprache

„Ich empfehle dieses Buch jedem, der auf der Bühne steht: als Prediger, Moderator, Leiter... Mit klaren und einfachen Schritten zu einem authentischen Auftritt, der „be-geist-ert" und einem hilft zeitgemäß zu kommunizieren. Ich schätze an Detlev seine praktischen Tipps, die man schnell im Kirchenalltag umsetzen kann."
Tobias Teichen, Pastor ICF München

Der Moderations-Trainer
Authentsich und wirkunsvoll
moderieren - für Gottesdienste
am Puls der Zeit
Detlev Reich

Taschenbuch
ISBN 978-3-940326-40-9

Was wäre…

Was wäre, wenn im Gottesdienst deine Sprache gesprochen wird?
Was wäre, wenn es im Gottesdienst Musik gibt, die du magst?
Was wäre, wenn es dort um die Themen geht, die dich bewegen?
Was wäre, wenn im Gottesdienst dein Leben verändert wird?
Was wäre, wenn im Gottesdienst dir Gott begegnet?
Was wäre, wenn dies durch dich geschieht?

Neben theologischen und inhaltlichen Basics zum Thema, liefert „Der Gottesdienst-Trainer" eine Fülle von kreativen Anregungen, praxiserprobten Strategien sowie zahlreiche umsetzbare Tools für alle, die den Auftrag von Kirche im 21. Jahrhundert leben wollen: Einen Ort zu schaffen, an dem Menschen der Liebe Gottes begegnen.

„Es ist gut aus eigener Erfahrung zu lernen. Noch besser ist es oft, von den Erfahrungen anderer zu lernen, zum Beispiel von Detlev Reich. Kompetent, praktisch und didaktisch ausgereift spannt er einen thematischen und strukturellen Bogen und bringt es schließlich auf den Punkt, wie man im 21. Jahrhundert Gottesdienste planen, entwickeln und gestalten kann. Meine Empfehlung: Sei nicht nur Leser dieses Wortes – sondern auch Täter!"
Torsten Hebel - Initiator und Leiter der blu:boks Berlin

Der Gottesdienst-Trainer
Basics, Strategien und Konzepte
für Gottesdienste am Puls der Zeit
Detlev Reich

Taschenbuch
ISBN 978-3-940326-39-3